教室を動かす言葉のチカラ

―― その「紡ぎ方」と「磨き方」 ――

渡辺道治

Michiharu Watanabe

JN029312

学陽書房

はじめに

　コロナが猛威を振るい始めた 2020 年。

　当時私は、小学校 6 年生を担任していました。

　連日、感染者数が増え続けていく報道がなされ、学校での対応もその度に大きな変更を余儀なくされました。

　和気あいあいと食べていた給食は黙食となりました。

　マスクの着用とアルコール除菌が徹底されました。

　会話をすることも触れ合うことにも制限がかけられました。

　そして、ついに取られた休校措置。

　卒業式の実施についても、大きな決断を迫られることになりました。

　保護者、在校生、来賓の方々の出席はなし。

　呼びかけも合唱も卒業生代表の言葉もなし。

　式典中、子どもたちの「声」を一度も聞くことのない、異例の卒業式となりました。

　その後、教室で最後のホームルームがありました。

　私は、そこで 1 枚のプリントを配布しました。

　1 年間、一度も休まずに書き続けてきた学級通信の最終号です。

　その紙面に描こうと決めたのは、最後の給食シーンでした。

　卒業式の直前、学年ごとの分散登校で久しぶりに学校に来た子どもたち。最後の給食も、ただの一言も発せずに食べました。

　黙食なので会話がないことはわかっていたのですが、それ以上の「静けさ」が教室には生まれていました。

　気づけば、目を潤ませながら給食を食べている子たちがいました。

　配膳の準備を担当してくださった先生がその様子を見て泣いておられました。

　これまでに一度も体験したことのない給食の場面でした。

　私は、この時のことを卒業式に配布する学級通信に書くことにしました。

　当日の朝、私はその通信を書き上げ、最後のホームルームで配りました。

　その時の子どもたちの様子を思い浮かべながら、読んでみてください。

6年3組渡辺学級解散

　英語の授業中。
　ある学生が「I love you」を「私は君を愛しています」と訳した。
　それを聞いた先生は、次のように諭した。
「日本人はそんな風には言わない。『今夜は月が綺麗ですね』とでも訳しておきなさい。」

　不思議な表現だ。
　自分の気持ちをストレートにズバリと伝えるものではない。
　なのに、その愛の深さやそこに込められたいくつものメッセージを私たちは想像することができる。
　学生の直訳は、愛が「君」に向けられている。
　分かりやすいし、シンプルだ。
　対して先生の訳は、直球のメッセージではない。
　あなたとの出会い、あなたと過ごしている時間、あなたがいるこの世界、その全てが素晴らしくて喜びに満ちている。
　そんな風にも読み取ることができる表現だ。
　どちらの訳が好きかは、人によるだろう。
　しかし、今の私の気持ちを素直に表現するならば、それは限りなく後者に近いと言うことができる。

　先週行われた分散登校。
　その2回目の登校日。
　卒業直前の、最後の学校生活である。
　教室で最後の授業をし、給食が準備されている場所に向かった。
　その場所とは、1年前みんなが学んでいた5年生の教室だ。
　有難いことに、既に準備や配膳は5年生の先生によってなされていた。
　私たちは順に着席し、そしていつもと同じように号令がかかった。

みんなの大好きな、定番のメニューだった。
普段なら和気あいあいと食べてきた給食。
しかし、この日は空気が全く違った。
誰一人、言葉を発しない。
味わうだけでなく、何かを慈しむかのように、じっくりと食べ進めている。
私も、一言も発することができなかった。
準備をして下さった先生が、そのみんなの姿を見て涙されていた。
不意に、聞きなれた曲がかかる。
みんなで練習・演奏し、卒業式の入退場にも使われた「糸」だった。
なぜめぐり逢うのかを私たちはなにも知らない※
いつめぐり逢うのかを私たちはいつも知らない
私は、溢れる思いを必死にこらえながら給食を食べた。
さらにじっと押し黙る子、目をうるませながら食べている子もいた。
食べ慣れたはずの味が、全く別物にも感じられた瞬間だった。

今、その時のことを想い返しながらこの通信を書いている。
この気持ちをぴったりと表現する言葉は、残念ながら思い浮かばない。
でも、あの日、みんなと一緒に食べた給食は、本当に、おいしかった。
見える景色も、流れてくる曲も、どれも美しくて輝きに満ちていた。
　共に過ごしてきた時間も、思い出される出会いの時も、間もなく訪れる別
れの瞬間も、その全てが凝縮されたかのようなひと時だった。

　別れの瞬間が近づいてきた。
　多くの言葉は、もうすでに必要ないだろう。
　私の思いの多くは、千号書いた「花は咲く」に綴ってきたつもりである。
　今まで、本当にありがとう。さようなら。

2020 年 3 月 23 日　みんなの門出の日

6 年 3 組担任　渡辺道治

（学級通信「花は咲く」は本日をもって廃刊致します。長らくお付き合い頂きありがとうございました。）

通信を読みながら、多くの子どもが泣いていました。

幾度も流れる大粒の涙で、マスクが大きく濡れていました。

最後に、子どもたちからも一言ずつ最後のメッセージを伝え合うことにしました。

その時、ある女の子が涙しながら次のように話しました。

「呼びかけも歌も色々できない卒業式だったけど、でもこうしてみんなで一緒に卒業ができたこと、私は忘れません。きっと、今夜見る月はいままでの人生の中でも一番きれいに輝いて見えると思います」

その子たちは、最後の学級通信をしっかりと携えて、学び舎を立派に巣立っていきました。

すばらしい式とともに新たなステージへと羽ばたいていった子どもたちでしたが、スタート時は決して順風なものではありませんでした。

5年生の時にはクラスが大きく荒れ、授業成立が困難な状態が続きました。

揉め事や諍いが頻発し、担任の先生以外にも色々な先生がサポートに入りましたが、事態は一向に解決しませんでした。

そのような逆風が吹き荒れる状態で、6年生はスタートしました。

新しい担任となった私は、子どもたちに幾度も「言葉」を届けました。

初日に語った「学校に通う目的」の話。

委員選挙の時に伝えた「勇気と筋肉」の説話。

争いが起きる度に伝えた「カッコいいとは」という語り。

他害行動を抑えることができない子への「未来予測」の言葉。

子どもたちは、その言葉に呼応するように、一歩また一歩と成長を遂げていきました。

「先生に言われているから否応なしに」ではなく、自分自身の決断によってよりよい選択をする子たちが、日ごとに増えていきました。

そしていつしか、クラスから暴言や暴力は姿を消しました。

授業中には笑顔や協力があふれるクラスへと変わり、そのクラスの授業の様子をぜひ見たいと、全国各地から参観者が殺到するようにもなりました。

そうして、先ほどの涙涙の卒業式へとつながっていったのです。

クラスの大きな変革の元には、常に「言葉」がありました。
頑張った姿をたたえるエール。
授業中に行う指示や発問や確認。
暴力をふるってしまった子に対する指導。
あきらめないで挑戦した姿を賞賛するほめ言葉。
授業中の何気ない一言から休み時間の他愛のない会話も、それらはすべて「言葉」です。
そして、それぞれの言葉は、相手に届く時と届かない時があります。
届かないばかりでなく、右から左へと受け流されてしまったり、思わぬ反発を生んでしまうことすらあります。
奥底にある「思い」がどれほど崇高で美しくとも、それを「言葉」に変換した際に、これだけの違いが生まれるのです。
私は、荒れた学級を担任する度に、「どのような言葉を届ければよいのか」を日々探究しました。その中で、子どもたちに「響く言葉」「届く言葉」には一定の原則や傾向があることがわかってきたのです。

現在、全国各地でセミナーや講演会を行う度に、「言葉のかけ方」「言葉の選び方」「言葉の磨き方」について、多くの方から質問や相談が寄せられるようになりました。
その際の回答のエッセンスをまとめ、学校現場や子育ての現場で実践的に使えるように仕上げたのが本書です。
各章には言葉の力を磨き高めるためのワークも収録されていますので、実際に頭や手を動かしながらお読みいただければと思います。
言葉の世界の奥深さやおもしろさ、そしてその中に眠る宝物のような価値を感じていただければ幸いです。

渡辺道治

CONTENTS

教師に大切な
言葉のチカラ

話し言葉と書き言葉、どっちが得意？

「話す力」は言葉の内容だけではない！

本書は、「言葉の力」を磨き、高めるためのトレーニングブックです。

まずは、その「言葉」の具体を見つめ直すところから話を起こしていきましょう。

言葉は、大きく2つに分かれます。話し言葉と、書き言葉です。

ちなみに、読者のみなさんは「話すこと」と「書くこと」、どちらの方が得意でしょうか？　一度、自分の日常を思い起こしてみてください。

家族との会話、友人との交流、仕事先でのやり取り。

恐らく、話し言葉と書き言葉を自然と使い分けたり織り交ぜたりしながら、他者とコミュニケーションを図っているはずです。

その際に、自分の思いが伝わりやすかったり、比較的使いやすいなと感じるのはどちらの言葉でしょうか。

ちなみに私は、どちらかといえば「話すこと」の方が得意です。

それは、話す方が「自分の強みを生かしやすいから」です。

話し言葉は、主に会話のシーンで使われます。

そして、会話の際、我々は「言葉」と一緒に様々な要素を組み合わせて使っています。

❶ 声（速度、抑揚、アクセント、間の置き方など）
❷ 動作（表情、視線、ジェスチャー、姿勢など）
❸ 見ため（服装、髪型、化粧、持ち物など）
❹ 物理的環境（家具、照明、温度、距離感など）

いわゆる「ノンバーバルコミュニケーション」ですね。

　会話の場面では、私たちは「言葉」とともに自然とこれらの「声」「動作」「見ため」「環境」などを組み合わせています。

　ですから、仮に「話すこと」に難しさを感じている場合、その原因は様々なパターンが考えられるということです。

　たとえば、「声を出す際の速度や抑揚」に課題があるのかもしれません。

　他にも、「相手を話に巻き込む身振りや手振り」に改善の余地がある可能性もあります。

　服装や髪形などの見ためや、話す場所の温度や光量などの環境も会話に大きな影響を及ぼすため、確認が必要です。

　話す際には、シンプルな「言葉の内容」以外にも、これだけ相手が受け取っている情報があるということです。

話すことには注意点が多い

　なお、それらの情報が与える影響の「割合」は次のようになっています。

　　言語情報：7%（話の内容）
　　聴覚情報：38%（声の高さ、速度、アクセント、間の置き方など）
　　視覚情報：55%（表情、視線、ジェスチャー、姿勢など）

　有名な「メラビアンの法則」です。

　つまり、「話すこと」においては気をつけるべきポイントが多いのです。

　こうした複雑さも相まって、話すこと全般に強い苦手意識を覚えている人は少なくありません。

　「話し方」に関する本が毎年途切れることなく出版され、各地で関連するセミナーが常時開催されていることからも、その状況が見てとれます。

話すことへの苦手意識はなぜ生まれるのか

　そもそも、「複数の前で話すこと」や「初めて会う人と話すこと」に、人はなぜ苦手意識を持つのでしょうか。

　こうした問題の「原因」を探る時に有効な方法を1つ紹介します。

　名前を、「なぜなぜ分析」といいます。

　なぜなぜ分析とは、トヨタ自動車から生まれた問題解決の手法の1つ。「なぜこの問題が起こったのか？」と何度も「なぜ？」と掘り下げることで真の原因を見つけ出し、効果的な解決策や再発防止策の策定へと導くフレームワークです。

　なぜを5回以上繰り返すので、英語では5whys（five whys）とも呼ばれます。多くの製造現場で「ミス・労働災害・生産性向上」の改善に活用されているほか、現在はIT業界など幅広い業種にも活用されるようになりました。

製造ラインがストップしてしまった。
　　（なぜ？）↓　1回目
製品を作る機械が故障してしまった。
　　（なぜ？）↓　2回目
機械がオイル漏れを起こしてしまっていた。
　　（なぜ？）↓　3回目
オイルタンクの蓋が劣化して十分に閉まっていなかった。
　　（なぜ？）↓　4回目
チェックを怠っていた。
　　（なぜ？）↓　5回目
定期点検の項目にオイルタンクが含まれていなかった。
解決策：定期点検のチェック項目にオイルタンクの点検を含める。

「なぜなぜ分析」で原因を見つけよう！

これを、「話すことに苦手意識がある」という課題に応用してみましょう。

一体どのような答えが浮かび上がってくるでしょうか。

以下は、私が複数の方に向けてこのなぜなぜ分析を行った時に最も多くあらわれた原因のパターンです。

話すことに苦手意識がある。

（なぜ？）↓　1回目

緊張してうまく話せない。

（なぜ？）↓　2回目

聞いている人の視線が怖い。

（なぜ？）↓　3回目

うまく伝わっていないのではないかという不安がある。

（なぜ？）↓　4回目

自分の思いがきちんと伝わったという成功経験が乏しいから。

（なぜ？）↓　5回目

話すことについてのトレーニングを積んだことがないから。

解決策：話すことのトレーニングを積み、成功体験を重ねる。

話すことに対して苦手意識を持っている人の答えは、このようにおおむね同じ傾向があることが浮かび上がってきました。

要は、「トレーニングや成功体験の不足」なのです。

どんな物事でもそうですが、正しいトレーニングを積んで一定の成功体験が得られれば「自信」が生まれてきますよね。

そして、その自信がさらに好プレーを生み出しやすくするという好循環にもつながっていきます。

言葉の力を磨き高めて いくことは必須

　本書をお読みの方の多くは、「教育」に何らかの形で関わっている人が多いでしょう。

　教員として学校で子どもたちに教えていたり、保護者として家庭で子どもたちを育てていたり。

　あるいは、企業等での人材育成や民間で行う教育事業など、社会教育の範疇で活躍されている方も多いはずです。

　そうした教え育てる営みの中においても、「言葉の力」を磨き高めていくことは極めて重要です。

　必須と言ってもいいかもしれません。

相手を想って伝え続けている言葉が、届かない、響かない・・・

　私は、全国各地の先生方や保護者の方々を対象としたセミナーや講演会を毎年40〜50回ほど開催しています。

　その中で、毎回たくさん次のような質問や相談が寄せられます。

「故意に授業を妨害する子どもたちに、いったいどのように対応すればいいでしょうか」

「帰ってきたらタブレットでゲームばかりしていて、宿題やお手伝いを全然しないんです」

「すべての学習に無気力で、一切手を付けようとしない子にどんな風に声をかけたらいいでしょうか」

　そして、すべての悩みに共通しているのが

「指導しているのに変わらない」

「声をかけているのに響かない」

　ということなのです。

　指導をしていないわけではありません。

　声をかけるのを放棄しているわけでもありません。

　一生懸命相手を想って伝え続けている言葉が、届かなかったり響かなかったりしていることに心を痛めているのです。

　私は、この点は教育に携わるすべての人にとっての悩みの根源であると考えています。

伝わらないのは「言葉の伝え方」に問題がある？

　アドラー心理学の有名な言葉に「すべての悩みは対人関係の悩みである」というのがありますが、その対人関係の悩みの根源にも、「伝えたい思い（言葉）が伝わらない状況」が慢性的に存在しているように思うのです。

　裏を返せば、この状況が好転すればほとんどの悩みや困りごとは解決に向かうだろうとも思います。

　なぜなら、相談や質問を寄せてくださった方々に私が答えるのは「言葉の伝え方」であることがほとんどだからです。

　実はここにも、トレーニングや成功体験の不足が強く影響しています。

　どんな風に伝えたらよいかがわからないのは、練習をしたことがないからです。

　そして、自分の思いが相手にしっかり伝わったという体験が少ないから、「自信」も乏しいのです。

　その自信の乏しさが、さらに言葉が伝わりにくくなるという悪循環を生み出してしまうことも少なくありません。

　だからこそ、教育に携わる者として、言葉の力を磨き高めていくことは必須であると考えています。

話せるようになるには、まず「書くこと」

　では、具体的にどのように練習を積んでいけばよいのか。ここからは、トレーニング方法を紹介していきます。セミナーや講演会の中で、

「いったいどうすればそんな風に子どもたちの心に届く言葉が出てくるようになるのですか？」

　という類いの質問をかなりの頻度で受けますが、私の答えは基本的にいつも同じで、

「まずは、書くことです」

　と返しています。

　最初の「話し言葉と書き言葉」のところでも書きましたが、「話すこと」には気をつけるべきポイントが非常に多いのです。

　多過ぎるがゆえに、話した内容がうまく伝わっていなかった時の原因を特定するのが容易ではありません。

　一方で、「書くこと」は非常にシンプルです。

　基本的に、テキストのみで相手に思いや考えを伝える営みです。

　先に紹介したメラビアンの法則では、言語情報の果たす影響の割合は７％と非常に小さいですが、「数字が小さいから大切ではない」という意味ではありません。

　むしろ、「何を伝えるか」ということの中核を成す極めて重要な部分です。

　そして、その言語情報の力を磨くためには、書くことが最もシンプルで効果の高いトレーニングなのです。

　書くためには頭の中を整理し、まとめる必要があります。頭で整理できてない、まとまってないものは、当然ながら話せないし実感も湧きません。

　私たちの頭の中には、いつも漠然とした考えや思いがあります。

　その考えや思いを、適切な言葉に変換して自分の中から引き出し、相手に

届ける営みが「話す」ということです。

　その言葉がうまく出てこない人は、言葉を自分の中から引き出せていない状態であるともいえます。

　「書くこと」は、その言葉を自分の中にストックし、考えや思いを言葉にテンポよく変換するための素晴らしいトレーニングになるのです。

　そして、テキストのみで相手に伝えることができるようになれば、そこに聴覚情報（声など）や視覚情報（見ためなど）をプラスして「話すこと」の力を総合的に磨いていけばよいでしょう。

　いわば書くことは、言葉の力を磨き高めるトレーニングの「はじめの一歩」であるというわけです。

自分ならどんな言葉を紡ぐか

　では、実際にどのように「書くこと」の練習を積んでいけばよいのか。

ここで大切なのは「制約」と「誓約」です。

　制約とは、自らにルールを課すこと。

　誓約とは、そのルールを守ると固く誓うことです。

　書くことは、個人で行うことが多い作業です。

　相手が目の前にいない分、時間やエネルギーをつい無尽蔵に投下してしまうことも少なくありません。

　だからこそ、一定のルールを課して練習を行うことが大切です。

　そうすることで、「話すための書く練習」になっていくからです。

　中でも最も大切な制約は、**時間の制約**です。

「話すこと」においては、相手が目の前にいますから、考えをじっくり整理する時間はそれほど多くありません。いわば、即興的な営みです。

　一方で、「書くこと」においては、考えをじっくり整理できる時間があります。この「じっくり行える書くこと」を「即興的に行う話すこと」に近づけていくために、時間の制約が必要なのです。

書けない人は話せない

実際にやってみよう!

　次の例題を読み、自分ならどんなメッセージを相手に伝えるのか、考えてみてください。

　あなたは、小学校6年生30人の担任教師(ご自身が教員じゃなかったとしても、一度その立場になったことをイメージしてみてください)。

　4月。クラスがスタートしたばかりの頃。
　あなたのところに、クラスの女子4人組が来て言いました。
「5年生の時に○○さんが悪口を言って…」
「○○さんだけじゃなくて□□さんも…」
「△△ちゃんは謝ったけど○○さんは謝ってなくて…」

　どうやら、5年生の時に起きた揉め事が解決していない様子です。
　4人が4人とも色々な場面で悪口を言い合っていたようで、その1つについて「言った」「言わない」の口論になっています。
　4人が言いたいのは「去年の先生が解決してくれなかった」という文句と、「全部のトラブルが未解決だから、解決してほしい」という要望のようです。

　状況はイメージできたでしょうか。あなたは担任教師として、この4人に何らかの言葉をかける必要があります。
　できれば、4人の関係が改善していったり、相手を責めるばかりではなく自分自身の行いを振り返る「内省」へと向かわせたい場面でもあります。
　では、あなたならばこの4人の女子にどのような言葉をかけますか。

以下に、30分以内で実際の言葉を書き出してみてください。

文字数に制限はないので、まずは思いつくままに書き出してみましょう。

殴り書きでも、キーワードだけでも構いません（スペースが足りなければ自分のノートを使ったり、パソコンを使ったりしても構いません）。

30分以内で、書き切ってから次のページを開いてください。

実はこの例題、私が実際に経験した事例なのです。

次のページには私がその時に書いて子どもたちに配布した学級通信が載っています。自分の言葉を書いた方から、その通信を読んでみてください。

☆嶋田西小学校６年３組学級通信☆

花は咲く

33

平成31年4月17日（水）

編集・発行
渡辺　道治

避けるのではなく、乗り越える

　話は、１週間程前にさかのぼります。

　昨年の間に起きたもめ事や諍いなどの件がまだスッキリしていないと、数人の子が私の所に話に来ました。

　３０人もの子どもが集まるこのクラス。

　小競り合いがあれば、ぶつかることだってあります。

　それが、自然だし普通です。

　ごくごく当たり前のことです。

　気の合う人もいれば、そうでない人もいます。

　同じことをしていても「楽しい」と感じる人もいれば、そうでない人もいます。

　あらゆる勉強には、必ず間違いや失敗がつきものであり、「人間関係」という人生の学びにもまた同様のことがいえます。

　例えば、算数の問題で間違えた時。

「今度は決して間違えるな」

「絶対に同じ失敗はするな」

　という学習の指導法には、きっと多くの人が首をかしげるでしょう。

　決して間違えないと心掛けても、同じ轍は踏まないと決意しても、人はやはり失敗するものです。

　そして、その失敗や間違いの経験から学び、進歩していきます。

　人間関係のもめごとも、基本的には同じだと思います。

　「決してぶつかるな」「絶対にケンカをするな」という教え方は、表面的には効果があるかもしれません。

　が、根本的な所で大切な学びのチャンスを奪っているともいえるでしょう。

　だからこそ大切なのは、必ず起きる失敗や間違いを避けるばかりではなく、それをどう乗り越えていくか。

　この点に尽きると思っています。

　これを学んでいくことが、教育の場においては特に重要です。

　学校は、成熟した大人の集まり（社会）ではないからです。

　大人だって、多くの人間関係の悩みや心配事を抱えています。

　子どもたちなら尚更です。

　発展途上の子どもたちは、大人以上にたくさんの失敗をするものです。

　そして、その失敗を乗り越える過程で大きく成長していきます。

　失敗や間違いを封じたり、抑え込むのではなく、これから迎える社会生活本番に向け、その乗り越え方をきちんと学ぶことこそが重要だと思うのです。

　話を戻します。

　相談をしに来た子たちの話を、まずは受けました。

　誰が誰にどんな不満を持っているかも、ある程度理解できました。

　しかし、です。

　それは、過去に起きたことです。

　今年のクラスが始まってからの事ならまだしも、それ以前に起きたことを一つ一つ掘り返し、逐一指導していくことは、適当ではないと思いました。

　現在、新たな学年が始まり、1週間が経ったところです。

　褒めることが、山ほどどっさりありました。

　個人としても、クラスとしても、です。

　新たな学年が始まり、やる気に燃えている子が大勢います。

　昨年までの反省を乗り越え、心機一転自分を変えようと努力している子も大勢見受けられます。

　そうしたスタートのさなか、過去のことを洗いざらい明るみに出して指導を行っていく事は、せっかく踏み出した素晴らしいスタートの出鼻をくじくことにもなりかねません。

　ですから、一つ一つの事実を掘り返した上での逐一指導は、今回は行いませんでした。

　その上で、次の2点だけは強調して伝えました。

　1つ目は、「これからのあなたを見ているよ」ということ。

　過去に起きたことが全ての未来を縛るのならば、こんなに世知辛い世の中はありません。

屯田西小学校6年3組学級通信

花は咲く

34

平成31年4月17日（水）

編集・発行
渡辺　道治

バットを投げるプロ野球選手

　人生は、どこからだって再出発ができます。

　しかし、です。

　前にやってしまったことで、いつまでたっても「あいつはあんなヤツだから…」と後ろ指を指され続けては、永遠に再浮上のチャンスはありません。

　だから、

「前に起きたことはよく分かった。大切なのは、ここからです。

　少しでもカッコいい生き方や、カッコいい関係が作っていけるように、自分にできることからまずは始めてごらんなさい。」

　と、伝えました。

　もう一つ。

　どうしても、相手の許せない部分があるとした場合。

　本当にそのことを批判したいのならば、まずは自分がそれにふさわしい行いを積み重ねる必要がある、ということを伝えました。

　例えば、相手が言った悪口が許せない時。

　本当にそのことを批判したいなら、まずは自分が悪口を言ってはいけません。

　自分だけは良くて、相手がするのは許せない。

　なんて道理は通らないからです。

　自分は悪口を言わず、正々堂々と伝えたり、むしろ人の良いところを見つけられるようになってこそ、相手の行いを指摘する資格があります。

　たとえ話ですが、気性が荒いプロ野球選手がチームに数人いたとします。

　その選手たちは、気に食わないことがあると、相手にバットを投げる悪癖

があるとしましょう。

　スポーツ選手としては、あるまじき行為です。

　その選手たちが、互いにこんなことを言い合います。

〇「あいつはひどい。あんなに強くバットを投げるなんて信じられない。人間として最悪だ。俺はもっと手加減して投げてる。」

〇「ちょっと聞いてくれよ。あいつもひどいぜ。俺は１本しか投げていないので、あいつは３本も投げたんだ。」

〇「そんなに簡単にバットを投げちゃダメだよな。選手失格だよ。俺はよっぽどのことが無い限り投げないぜ。」

　この３人の選手が、いかに的外れなことを言っているか。

　みんなにもきっと分かるでしょう。

　そう、そもそもバットは投げてはいけないのです。

　１本でも、手加減してでも、自分が投げてしまっているのならば、相手と変わりありません。

　どれだけ言い合っても、それは五十歩百歩。

　どんぐりの背比べです。

　どんなにカッとする出来事があっても、決してバットを投げず、むしろ自分のバッティングで正々堂々と戦う選手こそ、批判する資格があります。

　「投げたバット」を「悪口」に置き換えれば、最初に話した内容の意味が分かるのではないでしょうか。

詳しく音声で聞いてみたい方はQRコードからどうぞ

　さらに付け加えるならば、正々堂々とプレーし、一流のプロ野球選手になった人たちは、バットを投げる選手を相手にしなくなります。

　もう少しいうと、気にならなくなるのです。

　相手の駄目なことを指摘するよりも、もっといいプレーを目指し、もっと素晴らしいパフォーマンスをしようということを目指すからです。

　こうして一流選手は、さらに素晴らしいプレーを量産していきます。

　そういう意味で、相手の気になるところや許せない所は、実は自分が出来ていない所の裏返しであるともいえます。

　自分が出来ていなくて自分でもどこかでそれを良くないと思っているからこそ、相手がそれをした時に腹が立つのです。許せないのです。

　これを、鏡の法則といいます。

　ぜひ、一流のカッコいい生き方を目指してみて下さい。

いかがだったでしょうか。

この通信には、私が4人の女の子たちに実際に伝えた言葉が載っています。

もちろん、こうしたケースにおいて「最上のやり方」というものが存在するわけではありません。

しかし、当時35歳だった自分は「この言葉」と「伝え方」がこの状況においては少なくともベストだと思って選択をしたのでした。

4人の子たちは、とても神妙な表情で私の話を聞いていました。

仲裁や調停の類いを私は一切しなかったわけですから、「先生は解決してくれないんだ…」と落胆した子がいたかもしれません。

しかし、彼女たちの関係はその後大きく改善されていきました。

話をしてからおよそ1週間後。

その子たちが、はじけるような笑顔で朝教室に飛び込んできた姿を見て、私は彼女たちが自分たちの力で1つ山を乗り越えたことを感じました。

その上で、この学級通信を書いて配ったのです。

もちろん、この通信はクラス全員の前で読み上げました。

通信に書いた書き言葉をあえて話し言葉にして読み上げ、最後に次のように言葉を添えました。

> 「カッコいい生き方を自分で考え、選び、実行し始めた子たちがすでに6年3組には出始めていてね、この通信に登場している子たちがまさにそうなんだよ。誰かが特に手助けしたわけでもないのに、自分たちで考えて問題を乗り越えていった姿を見て、先生は本当に嬉しかったんだ。あぁカッコいい姿だなぁって思ったよ」

4人の子たちは、ニコニコしながらその言葉を聞いていました。

さらにいうと、その4人以外の子の中にもこの通信をきっかけに行動を大きく変えていった子たちがいます。私はこのようにして色々な角度から荒れているクラスや対立している子どもたちに「言葉」を届けていったのでした。

書けない人は話せない

　こうした学級通信を、私は教員人生の中で基本的に「毎日」書いてきています。そして、「時間の制約」も合わせてつけていました。

原則は「勤務時間内」です。

　その中の、子どもたちが登校してくるまでの朝の時間や、給食を食べ終わった後の時間など、それら諸々の時間を合わせた「1時間程度の隙間時間」に先のような通信を4〜5枚書いているということです。

　もちろん、書き始めた当初はそんな風には全くできませんでした。

　詳しくは拙著『汗かけ恥かけ文をかけ』（東洋館出版社、2023年）に書きましたが、初任者の頃は1枚の通信を書き上げるのに数時間を要していたのです。

　思うように言葉を紡ぐことができず、考えているうちに睡魔が襲ってきて舟をこぎ始め…のようなところからの船出でした。

　そこから、「1年間で100枚を目指そう」「1時間以内に1枚通信が書けるようにしてみよう」のように色々な形で制約を課しながら、私は「書くこと」の力を鍛えていきました。

　そうしたことを続けているうちに、自分自身の「話し言葉」にも明確な変化が表れてきました。

　子どもたちの変化や成長を見て、以前は「あぁ素敵だな」としか言葉が紡げなかったところが、「それがなぜ素敵なのか」を色々な表現や角度で言葉に表すことができるようになってきたのです。

　さらに、「子どもたちに言葉がしっかり届いたな」と腹の底から実感する瞬間も着実に増えていきました。「書けない人は話せない」という言葉もあるくらい、書くことと話すことは密接につながっています。

　そして、たとえ口下手・話し下手であっても「話すための書く練習」を意図的に積み重ねることで、瞬時にふさわしい言葉を無意識に選んで、相手に届けることができるようになります。

　次の章から、この「話すための書く練習」をどのように積み重ねていくのか、私が18年間書き続けてきた学級通信を素材として掘り下げていきます。

2

「誰」に
伝えるのか？

その言葉、子どもの「心」に届いていますか？

「学級通信を誰に向けて書いていますか？」

と聞かれたら、何と答えるでしょうか。

きっと、多くの方が「クラスの子どもたち」と答えるでしょう。

"学級"通信なのですから、その対象が「クラスの子どもたち」であっても何らおかしいところはなさそうです。

では、あなたが「クラスの子どもたち」に向けて書いたその学級通信は、どのくらい子どもたちの心に届いているでしょうか。

学級通信には、担任からの"何らかのメッセージ"が載っているはずです。

そのメッセージの内容が、誰の心に、どのくらいの深さで届いている（響いている）といえるでしょうか。

ここでいう「心に届く」とは、情報の存在や中身を単に「知った」「わかった」という段階よりも、もう一段深い状態を指します。

たとえば、次の文章を読んでみてください。

挨拶をすることは、とても大切です。
挨拶をし合うと、お互いに気持ちよく1日をスタートできるからです。
いま、クラスの中には挨拶をする子と、しない子がいます。
気持ちよく学校生活を過ごすためにも、みんなでよい挨拶をしてから
1日をスタートさせていきましょう。

要は、「挨拶は大切だ」ということを伝えている文章です。

自分がもし子どもなら、この文章をどのように受け止めるでしょうか。

学級通信とは、納得や共感を目指して書かれるもの

通常、このように何らかの情報伝達が行われた際、受け手側の状態は粗くいって次の4つに分かれます。

認知（情報の存在に気づく）「何かを伝えようとしている…」
理解（内容がわかる）「ふむふむ。こういう中身ね」
納得（合意や了承が生まれる）「なるほど確かに。もっともだな」
共感（自分の感情が動く）「私もやってみよう」

先の文例でいうならば、下記のようになります。

「何か先生が挨拶について伝えようとしているな」と気づくのが認知
「挨拶が大切ということを伝えている」という内容がわかるのが理解
「確かに挨拶は大切だな」という合意や了承が生まれるのが納得
「私も挨拶をしてみよう」と自分の感情が大きく動くのが共感

私が先に書いた「心に届く」とは、「認知・理解」ではなく「納得・共感」にまで至っている状態を指しています。

なぜこのような話を書いているかというと、学級通信とは多くの場合、認知や理解だけでなく、納得や共感を目指して書かれるものだからです。

たとえば、先の文例のような「挨拶の大切さ」について書かれている学級通信（学年通信や学校通信を含む）を、私は過去に山ほど見てきました。

これらの通信は、単純な「認知や理解」を生むために書いているかといえば、そうではないはずですよね。

挨拶の大切さを感じてほしい。

自ら挨拶ができるようになってほしい。

素晴らしい挨拶が飛び交うクラスになってほしい。

そのような「意識変容」や「行動変容」を期待して書いているはずです。

私は、その前提を確認した上で、改めて問いたいのです。

「学級通信を誰に向けて書いていますか？」と。

ターゲットを絞り込む

「ハルメク」という雑誌があります。

　50代以上のシニア世代の女性に向けた生活実用雑誌で、書店では販売していないにも関わらず発行部数は女性誌の中で第1位。私も後学のために何冊か購入して読みましたが、その紙面の内容や構成の素晴らしさに何度も唸りました。

　そのハルメクの編集長が、あるテレビ番組でインタビューに答えている場面がありました。

「紙面づくりで困ったときは、私はいつも心の中のＡ子さんと会話します」

「ハルメク」の編集長は、「65歳のＡ子さん」というペルソナをイメージし、紙面づくりに迷った時は心の中でＡ子さんと会話してみるのだそうです。

　そして、データだけではつかむことができない「人の感情の動き」や「潜在的なニーズ」などを予測するヒントにしているとのことでした。

　私は、この放送を見て膝を打ちました。

「ここまで渡す相手のことをクリアにイメージしている」からこそ、ハルメクは多くの読者の心に届く雑誌になっているのだと感じたのです。

読み手のことを具体的にイメージする

　こうした商用の雑誌とは違い、学級通信はその紙面を読む子どもたちがいつも目の前にいます。そして、多くの場合、書き手は「できるだけ多くの子の心に届けたい」と思いながら通信の文章を作成するはずです。

私はここに、学級通信の１つめの落とし穴があると考えています。

　「できるだけ多くの子に届けたい」と考える場合、得てして文章を届けるターゲットは「曖昧」になります。届ける対象が曖昧なのですから、文章の中身もやはりぼんやりとしたものになりがちです。

　その結果、「誰の心にも届かない文章」が学級通信の紙面に並んでしまい、意図していた意識変容や行動変容は残念ながら生まれず…。

　もちろんこれは、通信の文章だけに限ったことではありません。

　「多くの人に届けようとした」結果、「誰の心にも届かない」という悲しい循環は、色々な場面で起こり得るリスクといえるでしょう。これは「ターゲットを絞り込んでいない」ことが１つの原因だといえます。

「自分のことをシニアだとは思っていない」

「新しいことを取り入れるパワーがある」

「姿勢がよくてメイクはナチュラル」

　ハルメクの編集長は、実在すらしていないペルソナをここまでクリアに思い描き、ターゲットを絞り込んで紙面を作っています。

　結果、多くの人の心に届く紙面づくりに成功しています。

　実際に手渡す相手が見える状況で書いている学級通信ならば、もっとクリアに読み手のことを深くイメージができるはずです。

　しかし、その届ける対象が「クラスの子どもたち」というぼんやりとしたものになっていると、先の落とし穴にはまる可能性が高まります。

　だからこそ、最初に問うたのです。

　「学級通信を誰に向けて書いていますか？」と。

　「文章を手渡す相手のことをどれだけイメージしているか」ということが、書くことのトレーニングにおいて極めて大切なポイントとなります。

たった1人の心に届く言葉

　私は現在、年間におよそ40～50回ほどの講演を行っています。

　この原稿を書いている2023年も、夏の間だけで、北は北海道から南は沖縄まで全国11か所で講演を行いました。

　2024年にはついにアメリカやカナダなど海外で講演を行うことも決まっています。

　一つ一つの会場は、数十人が入る比較的小規模の会場から数百人を収容できる大規模なものまで大小様々です。

　最近は、教育関係者が集まる場だけでなく、企業、病院、教会など、色々なシーンやテーマで依頼を受けることが増えてきました。

　中には、ある飲食店のオーナーから

「今度、新しくオープンするお店のオープニングスタッフ40人に、仕事をする上での大切な心構えについて講演いただけませんか？」

　というオファーもありました。

　教育関係者、医療従事者、経営者、宗教者、飲食店従業員など、話す対象は毎回バラバラです。

　そして、そんな風にして色々な場で講演をしていると、こんな質問が寄せられることがあります。

「講演をなさるときに、一番大切にしていることは何ですか？」と。

　私の答えは、毎回決まっています。

> たった1人のターゲットを決めて、その方の心に届くように話をしています

　これは、数十人規模の会場で話すときも、千人を超えるような大規模の場

でも一切変わりません。

　私は、毎回ターゲットを明確に絞り込んでから話します。

　そのターゲットは、会の主催者や、私を講演に招いてくれた方など、その会場において主要な役割を担っている方であることが多いです。

　その方の心に、可能な限り深く届くように話をするということです。

　それが成功すると、不思議と会場全体の多くの人の心にも響くのです。

講演と学級通信の共通点とは？

　ある講演会では、私がターゲットに決めた方が途中からポロポロと涙していたことがありました。

　私が話の中で発した「ある言葉」に、心が強く震えたのだそうです。

　すると、その涙している方の近くの方々もまた同じように涙をこぼし始めました。

　壇上から見ていると、一しずくの水滴が水面に落ちて、その波紋が大きく広がっていくような姿にも映りました。

　思えば講演と通信は、共通点があります。

　講演は、思いを言葉にして音声として伝えていく営みです。

　通信は、思いを言葉にして文章として伝えていく営みです。

　その双方に、「たった1人の心に深く届く言葉」は、往々にして「多くの人の心にも深く届く言葉」になるという共通点を見出しています。

　ここまで書いたことを踏まえ、次ページの学級通信を読んでみてください。

　「ターゲットを決める」ことの価値を思い描くきっかけにしてもらえれば幸いです。

屯田西小学校6年3組学級通信

花は咲く

令和元年10月2日(水)

514

編集：発行
渡辺 道治

プッツン糸ビクビクハンドル

　普段なら、絶対書かない内容をここに書いてみる。

　それは、その人に対する信頼貯金が非常に高いことも関係している。

　そして、クラスの子たちもその事を笑顔で受け入れていたことも大きい。

　さらに一応本人に断った所、「いいよー！」と軽くOKをくれたので、ここに書いてみる。

　昨日の朝。

　一つだけポツンと空いている席があった。

　欠席連絡はこの時点では無い。

　どうしたのかなぁと思って職員室にあがってみると、ちょうどそのことで電話がかかってきていた。

　話を聞いて納得＆安心した。

　ちょっと早めに起きて、もう一度寝てしまい寝過ごしてしまったらしい。

　何のことは無い、シンプルなお寝坊だ。

　自慢ではないが、私も寝坊の経験なら負けていない。

　長い人生、これくらいのことはいくらでもある。

　本題はここからだ。

　こんな時、「やっちゃったなぁ」ときっと本人は思うことだろう。

　でも、私はクラスで次のように話をした。

　人間、完璧な人なんてどこにもいない。

　世間では、どこか「完全」や「完璧」を求める風潮があるが、それはおかしいと思っている。

　デコボコや得意不得意こそが、その人「らしさ」であるからだ。

　クラスでは、次の言葉も紹介した。

人は長所で尊敬されて、短所で愛される。

この言葉が全てだ。

凸の部分も凹の部分も、その人にとって大切なことなのである。

ちなみに、お寝坊しちゃったその子は、クラスの誰しもが認めるくらい最近カッコよさが際立っている。

この話をするとみんなウンウン頷いていた。

勉強も一所懸命、挨拶も一所懸命、さらにみんなを笑わせて盛り上げるエンターティナー的な役割をすることがあれば、勇気を出し先頭に立ってクラスを引っ張ることもある。

本当のその姿に感心しているのである。

その事は、いくら言葉を尽くしても足りないくらいだ。

だからこそ、そんな風にどこかでフッと気が抜ける部分があった方がいいとさえ私は思っていた。

人間、メリハリが重要だ。

ピーンと張りつめた糸は、すぐにプッツンしてしまう。

対して、張ったり緩んだりしている糸は、長持ちする。

ハンドルは、遊びがあるから事故を回避できる。

遊びの無いハンドルは、怖くて気を一切休めることができない。

生活にもメリハリが必要なのである。

羽を伸ばし休める「メリ」。

一所懸命力を出す「ハリ」。

恐らくどの人であっても、自然と調節をしていることだろう。（自慢ではないが、私など家では完全なメリメリ状態である。）

やることはしっかりやった上にも、ほどよく力が抜けている状態が私の理想の学級だ。

もう一つ言おう。

人が、自分の短所だと思っているところは、実は大きな強みであることが多い。

それも極めて高い確率で。

この話は、いずれまた機会があればしようと思う。

今回の話の中心にいた子が、朝笑顔で学校に来た時にも上に書いた内容を伝えた。その子は、とてもいい表情で話を聞いていた。

この通信に少しだけ補足をすると、遅刻の電話が職員室にかかって来たのは1時間目が始まってすぐのことでした。

　お母さんは大慌てで、

「先生、連絡が遅れて本当にごめんなさい！　あの子、寝坊しちゃったみたいで、いまから学校に行かせます！」

　と息を切らせながら話していました。

　どうやらお母さんは家をすでに出ていて、職場から電話をしているようでした。

　何度も謝りながら、「ちゃんと叱っておくので…」のような話もされていたので、私は笑いながら次のように返事をしたのです。

「遅れてくるくらい全然かまいません。私も寝坊の経験なんて何度もありますし、むしろそんな風に愛される部分があるのも大切なことですよね。だから本当に、全然叱らなくて大丈夫です。どうぞゆっくり支度をしてから来させてあげてください」

　と終始楽しそうに話しながら伝えたのでした。

　そのお母さんは、「ありがとうございます」と言葉では言いつつも、どこか不思議そうに受け答えをしていました。

　そのニュアンスから、心の中では「？」が点灯していることは容易に想像がつきました。

「遅刻くらい全然構わない」「愛される部分も大切」と担任の教師が笑いながら話すことは、受け手によっては確かに不思議な印象を持ってもおかしくありません。

「遅刻＝悪」という考えを根強く持っている方なら尚更です。

　しかしながら、その時は急ぎながらの電話だったので、それ以上お母さんと詳しく話すことはできませんでした。

学級通信を発行した翌日に、直筆の手紙が届く

　そこで、この通信を書くことにしたのです。

　さて、その結果、どのようなことが起きたか。

この通信を発行した翌日に、その子のお母さんから直筆の手紙が届きました。

そこには、次のように書いてありました。

先生、昨日は素敵な通信をありがとうございました。

私、電話を切った後にずっと考えていたんです。

なんで先生は全然叱らないんだろうって。

そして、なぜ「叱らなくて大丈夫」と笑いながら言ったのかって。

ずっと考えていたんですけど、わかりませんでした。

でも、昨日の通信を読んでその意味がやっとわかって、涙が出ました。

あの子の、そんなところもみんなで愛してくれているんですね。

しかも、学校生活をこんなに頑張っていると知れて、とっても嬉しかったです。

先生、本当にありがとうございます。

お母さんから、この感謝の手紙が届いただけではありません。

その遅刻した子は、これまで以上に伸びやかに学校生活を過ごすようになりました。

「たった1人の心に届く言葉」は、その子のことを詳細に思い浮かべ、「一番ほしいであろうメッセージ」を想像するところから生まれます。

そうすると、このように「遅刻」という通常なら注意の対象にしかならないところから、「感動」や「喜び」などが生まれるようにもなるのです。

その効果は周りにも波及していくことが容易に想像できるのではないかと思います。すでに、その子のお母さんは涙しながらこの通信を読んでくださったわけですから。

そして、その感動が深ければ深いほど、広範囲にその影響は伝播していきます。

感動は伝播する

　では、もう1枚、「ターゲットを絞り込んだ通信」のイメージを共有するために、実際の通信を紹介します。

　卒業直前に、ある1人の男の子に向けて書いた通信です。

　この通信は、卒業直前に「1人1枚通信」と題して、クラスの一人ひとりに宛てて書いた通信の一部です。このクラスには36人の児童がいましたが、その一人ひとりに同様の通信を書いたということです。

　取り組み自体はかなりの労力を使ったので、冬休みくらいからコツコツと書き進め、卒業直前の3月に入ってから1日に2人ずつ渡していきました。

　当時の私は、教師生活5年目を迎えた時です。

　いまほど学級通信をコンスタントに書ける力もなく、少しでも自分の「伝える力」を高めたいという思いもあって、試しに取り組んでみた実践でした。

　ここで伝えたいのは、「みなさんも1人1枚通信に取り組んでみてください」ということではありません。この実践は、正直なところ結構大変です。私も、約20年間の教師人生の中で、この年しか取り組んだことはありません。

　しかし、このたった一度の実践によって、私は確信したことがあります。

　それは、「たった1人に宛てて渡したメッセージの感動は、その個人に収まることはなく、周りに大きく広がっていく」ということです。

「たった1人」へのメッセージは時間すら超える

「あんな風に言葉を贈って貰えるなんて本当に幸せですね」

　このお便りをくれた方々は、その男の子の保護者の方ではありません。

　この通信を配布した直後、多くの保護者からお手紙をいただきました。

「〇〇くんへのメッセージ、本当に泣きました」

それでも、小学校6年間をともに過ごしてきて、たくさんの思い出をともにしてきた確かな関係性がそこにはあるのです。

　まるで我が子のことのように喜んでくださる保護者の皆さんの姿を見て、「感動とはこれほどまで大きく広がっていくのか」と私は感じたのでした。

　そして、その男の子のお母さんからも、卒業式に手紙をもらいました。

> 渡辺先生、この2年間本当にありがとうございました。
> ○○のことをこんなに受け止めて、認めて、励ましてくださったことに感謝の気持ちでいっぱいです。
> 中学校から先も、きっと色々なことがあるんだろうと思います。
> でも、これから先の人生で何か辛いことがあった時は、この昴152号を読み返して、もう一度思い切り泣いて、それからまた前を向いて進んでいこうと思います。先生、今まで本当にありがとうございました。

　このお母さんのように、配った学級通信を何年も大切に持ち続けてくれている人たちからの連絡を、いまもたくさん受けます。

　札幌で教師をしていた頃に、たった1年間だけ担任した子のお母さんから

> 中学生になっても、高校生になっても、あの子は何か大変なことがあった時はきまって先生が書いてくれた学級通信を読んでるんですよ。
> 「元気が出るんだ」って言ってました。
> こんな風にいまも○○の心の支えになってくださってありがとうございます。

　と、当時勤めていた愛知県宛てにメッセージをもらったこともありました。

　たった1人の心に届いたメッセージは、空間だけでなく時間すらも超越して広がっていく力を秘めているのです。

○○○○くんへ

○○くん。

君の担任になってすぐのことだった。

授業中に君が発した言葉を、未だにはっきりと覚えている。

「どうせダメだ。」

何の教科だったか、どんなタイミングだったかは覚えていない。

ただ、その言葉と君の表情だけが記憶に残っている。

たった6文字の言葉だったが、私はそれを聞いて強く思った。

必ず「できた！」「やった！」と君が思える場面を作ってみせると。

そして、そんな言葉が出ないくらいに力と自信をつけさせてあげたいと。

出立の時のこの思いは、今でも色あせていない。

こうして、君との学級での歴史が始まった。

あれから2年間。

君は本当によく努力した。

幾多の壁を乗り越え、着実に力を伸ばしてきた。

学校の一番近くで君を見てきた私は、胸を張ってそう言える。

各教科のノート。

　最初の頃は、鉛筆すら握らなかった君が、今では素晴らしいノートを書くようになった。専科の先生からも直々に褒められるほどである。

　活躍の場がぐんと広がった授業。

　討論での意欲は圧巻だった。発表もずば抜けて多い。

　社会の指名無し質疑応答では、質の高い意見で度々クラスを驚かせた。

　国語の入試対策では、校長先生もうなるほどの力を見せていた。

　学習中の君の様子は、スタートした頃とはまさに別人である。

そして、数々のドラマを起こした体育。

中でも記憶に残っているのが、５年生の水泳記録会である。

〇〇くんがエントリーしたのは、２５ｍ平泳ぎだった。

青一は達成したものの、直前に行われた練習では調子が悪く、ほとんど２５ｍを泳ぎ切る事はできなかった。

「本番で立ってしまうかも」と、不安そうに君は言っていた。

私は言った。どれだけ遅くたっていい。途中で立ってしまってもいい。

どんな状態であれ、持てる力全てを使って一所懸命に泳ぐ事にこそ、一番の価値がある。最後まであきらめない気持ちを持って泳ぎ切ろう。

そう話した。

迎えた記録会当日。スタートについた〇〇くんは、ゆっくりと、だが着実に水の中を進んでいった。

頭の中をフル回転させ、今までの練習で言われた事を一所懸命やろうとしているのがわかった。胸が熱くなった。

その姿を見て、プールサイドから〇〇くんコールが自然と沸き起こる。

声はどんどん大きくなり、気付けば全校中が〇〇くんを応援していた。

そして、ついにゴールした。

この年の記録会で、プール全体が一番沸いた瞬間だった。

水泳だけじゃない。跳び箱の開脚跳び、側転、逆上がり、縄跳びのあや跳び・交差飛び・二重跳び・・・。

どれも、君があきらめずに努力を続けたからこそ成し得た偉業である。

そして、一つ一つ階段を上る度に、自分を卑下する言葉が減った。

代わりに、どんどん物事にチャレンジする姿が増えた。

君が児童会に立候補し、会長にも立候補した時、私は本当に嬉しかった。

〇〇くん。

君は、決して「ダメ」なんかじゃない。

それはこの６年間で、君自身が証明してくれた事だ。

中学校でも、何事にもあきらめず、努力を続けてほしい。

そして、忘れてはいけないのが、今も君を支えてくれている周りの人たちである。君が何かを達成した時、まるで自分の事のように喜んでくれた友達とお家の人たち、さらには色んな先生方がいたことだろう。その人達への感謝の気持ちを忘れなければ、君はきっと大丈夫。これまで以上に、大きく力を伸ばしていくに違いない。

これからのさらなる飛躍を、小学校から応援している。

子どもの「弱み」にこそ輝く要素がある

　　ここまで、言葉を届けるターゲットを絞りこんで書いた通信を2枚紹介してきましたが、何か気づいたことはあるでしょうか。

　　実は、これらの通信には"ある共通点"が存在します。

　　1枚目のメイントピックは、「遅刻」でした。

　　2枚目の導入は、「自分自身を卑下する言葉」です。

　　他にも、「凸凹の凹」や「自分の短所」、「一番遅れてゴールした水泳記録会」などの各シーンが紙面を飾っています。

　　これらは、成功体験や強みではなく、一見すれば失敗体験や弱みとみなされるものが並んでいることがわかるはずです。

　　学級通信というツールにはたいてい、華々しい「結果」や輝かしい「栄誉」が書かれます。もちろん、それ自体が悪いわけではありませんし、私もそうした内容を書くこともあります。

　　一方で、先述した「納得・共感」や「意識変容・行動変容」にまでつながっていく通信を書きたいと思ったときには、別のアプローチの仕方もあるということをここではお伝えしたいわけです。

　　人は、大抵自分の「短所」や「失敗体験」に対してネガティブなイメージを持っています。

　　そして、それらを遠ざけたり隠そうとしたりします。

　　でも、心の奥底では「できるようになってみたい」「本当は成功を収めたかった」と思っていたりするのです。

　　このように、すでに「心が動きやすい要素」が多分に眠っているのが、自分の苦手さだったり短所だったり失敗体験だったりします。

そこに、思いもよらない形で価値を認めてもらえたり、かすかな成長の兆しをキャッチしてもらえたりすると、そこに「意外性」や「ストーリー」が生まれていきます。

いつもすぐにあきらめがちだった子が、粘り強くチャレンジした瞬間。
日ごろから暴力的だった子が、ふと見せた優しく思いやり深い一面。
毎回癇癪を起していた子が、自分の怒りを自然と収められたシーン。

こういったところをターゲットとして、通信で取り上げるのです。
すると、納得や共感が生まれやすくなったり、周りにその感動が広がっていったり、意識や行動が変わっていくことにつながることが増えてきます。
中には、以前とは別人のように前向きに努力を重ねるようになったり、苦手と思っていたことが得意と言えるまでに変化したりということすら起きるようになってきます。
つまり、「気になるあの子の行動」には、意識変容や行動変容につながる「たくさんの宝」が眠っているということなのです。

「あの子」の心に届く言葉を

本章で書いてきたことをここで整理してみます。

○ 文章を渡す相手のことをクリアにイメージしよう
○ 誰に向けて書くのか、ターゲットの1人を絞り込もう
○ ターゲットが本当に欲している言葉とは何かを想像しよう
○「気になるあの子の行動」に上手にスポットを当てよう

このようなポイントを一つ一つ押さえていくと、子どもたちの心に届きやすい通信に近づいていきます。
では、冒頭で紹介した「挨拶についての文例」を再度取り上げてみます。

挨拶をすることは、とても大切です。
挨拶をし合うと、お互いに気持ちよく１日をスタートできるからです。
いま、クラスの中には挨拶をする子と、しない子がいます。
気持ちよく学校生活を過ごすためにも、みんなでよい挨拶をしてから
１日をスタートさせていきましょう。

　一読して、この文章が子どもたちの心に届きにくいことは、イメージがつくのではないかと思います。
　おそらく、意識変容や行動変容にもなかなかつながっていかないでしょう。

- これを読む子どもたちのことをクリアにイメージしているのか。
- 特に届けたいターゲットは明確に絞っているのか。
- この言葉はそのターゲットが本当に欲している言葉なのか。
- スポットの当て方やタイミングは本当に適切なのか。

　このように考えれば、先の文章の改善点が見えてくるはずです。
　まず、こういう「挨拶の大切さ」を伝える通信を書くときの真のターゲットは一体誰なのでしょうか。そう、それは「挨拶をしない子」です。
　もちろん、普段から挨拶をする子がよりよい挨拶をすることを目指す場合もあるかもしれませんが、本当のターゲットはやはり「挨拶をしない子」のはずです。そして、私ならばきっと「クラスで一番挨拶をしない子」をターゲットにします。**なぜならば、一番成長がわかりやすいからです。**
　そして、クラス全体の大きな追い風になる可能性が高いからです。
　さらに、最も変化が起こしやすいともいえるからです。
　こんなにたくさんの宝が眠っている好機を逃すわけにはいきません。

子どもの様子を見て考える

　では、ターゲットが決まったとして、なぜその子はそんなにも挨拶をしな

いのでしょうか。相手のことをクリアにイメージする力が必要になります。

- 単純にめんどくさい。
- 小さい頃から挨拶の習慣が全くない。
- シンプルに挨拶の仕方がわかっていない。
- そもそも挨拶をすることに意味がないと考えている。

　きっと、その子の様子を見ていると、挨拶をしない原因が色々と浮かんでくるはずです。

　その上で考えます。どのタイミングで、どのような言葉を紡いでいれば、この子の意識や行動が変わっていくのかを、です。

　ちなみに、いまは「挨拶」を例として話していますが、ここで大切なのは「気になるあの子の心に届く言葉はどうすれば紡げるか」という点です。

　私は「全員に一律でしっかり挨拶をさせなくてはだめだ」と考えているわけではありません。あくまでわかりやすい１つの例えだと考えてください。

　何かしらの意識変容や行動変容を起こしたいと思って書き言葉を紡ぐ際のポイントについて、考えていただきたいのです。

- ターゲットを明確に絞り込んだ、
- 納得や共感が生まれやすい条件も発見できた、
- では、あの子の心に届く言葉をイメージして書き出してみよう。

　こうした一連の思考作業が、意図的に行えるようになると、学級通信は「学級経営における強力な助っ人」へと昇格します。

　いままで、「気になるあの子の行動」を見るたびにネガティブな思いになっていた自分がいたとするならば、その行動が「宝の山」のようにも見える瞬間がやってくるということです。

　事実、私はこれまでに色々な不適応行動を起こす子どもたちや、その状態が集団として深刻化したクラスを担任してきましたが、その場面においても学級通信の「書き言葉」が強力な助っ人となって私の学級経営を支えてくれました。その際にも、私はまず「誰に伝えるのか」を明確化するところから毎回通信を書き起こしていったのです。

チューニングシートを書いてみよう①

　この章の重要なポイントは、「誰に伝えるか」でした。

　ターゲットとなる相手のことを詳細に思い浮かべ、何ならその人になりきるつもりで「ほしい言葉」や「響く言葉」は何かをイメージすること。

　私は、これを「チューニング能力」と呼んでいます。このチューニング能力は、相手の心を動かす言葉を紡ぐ上で極めて重要な力です。

　先に紹介した「ハルメク」の編集長は、その力がずば抜けていると言っていいでしょう。これも、トレーニング次第で磨きをかけていける力です。

　では、私が、各地で開催している「話し方講座」において配布している「チューニングシート」を紹介します。

チューニングシートを書いてみよう

　これは、ターゲットである相手のことを詳細に思い浮かべるためのトレーニングシートです。

　書き始める前に、黒と赤の2色のペンを用意してください。

　準備ができたら、「あなたが言葉を届けたいと考えている相手」のことについて、まずはわかっていることを黒色でどんどん書き込んでいきましょう。

　わからないところはどんどん飛ばして構いません。

　ひとしきりわかっていることを書いたら、今度はペンを赤色に変えて、わからなかったところを予想で書き込んでいきましょう。

　シートにも書き込んでありますが、その予想が外れていても構いません。

　大切なのは、ターゲットに思いをはせ、その人の思考や行動のチャンネルにチューニングをあわせることです。

チューニングシート

※相手のことを心の中に思い描いて、書ける所からどんどん書いていきましょう。外れていても構いません。

似顔絵

困っている・悩んでいること

認められたい・褒められたいこと

名前・性別	
生年月日	
仕事・立場	
特技・趣味	
日課・習慣	
今ほしいもの	
好き・得意なこと	
嫌い・苦手なこと	
生きがい	

フリースペース

※「65歳のA子さん」を参考に、相手のことを自由に思い描いて書いてみて下さい

心が動きやすい要素が浮かび上がってくる

　特に大切な部分としては、似顔絵の下2つの欄です。

　その人が「困っている・悩んでいること」をイメージできたら、本章で書いてきたように「心が動きやすい要素」が浮かび上がってきます。

　その人が「認められたい・ほめられたいこと」をイメージできたら、相手に届く・響く言葉も自然と浮かび上がってくることでしょう。

　そして、ターゲットとして選ぶ相手には「自分が最も言葉が届きにくい」と思っている相手を選ぶことをお勧めしています。

　「何度言っても伝わらない…」「いったいなんで…」と自分が打ちひしがれるような相手がもしいるのなら、その人こそがまさにうってつけのターゲットです。

　最もチューニングしにくい人を選んでシートを書くからこそ、相手のことを詳細にイメージする力が磨かれていきます。

　そして、上の部分の欄がすべて埋まったら、下のフリースペースにさらに相手のことを自由に思い描いて書いてみましょう。

　「ハルメク」の編集長が実在すらしていない「65歳のA子さん」をあそこまで思い浮かべられたのですから、実在している人ならきっともっと多くのことが思い浮かべられるはずです。

　参考までに、「話し方講座」に過去に参加された方のシートを1つ載せておきます。チューニングする際の参考にしてみてください。

ゆったりと集中できる環境の中でシートを作成しよう

　シートに書き込む際は、ぜひゆったりと集中できる環境をつくった上で臨むことをお勧めします。時間はどれだけかかっても構いませんので、ターゲットのことを存分に思い描き切ってみてください。

　この演習が終わってから、第3章にすすんでいただければと思います。

　次の章では、「何を伝えていくのか」という内容の具体的なパターンについて迫っていくこととします。

チューニングシート

※相手のことを心の中に思い描いて、書ける所からどんどん書いていきましょう。外れていても構いません。

似顔絵

項目	内容
名前・性別	・男
生年月日	？　50代後半
仕事・立場	小学1年生担任
特技・趣味	娘さんが登録してくれたAmazon Primeビデオで映画を見ること
日課・習慣	
今ほしいもの	あばれたり、立ち歩いたり、不規則発言をする子がおらず、スムーズに授業を進められるクラス
好き・得意なこと	
嫌い・苦手なこと	言っても指導が聞けない子　授業の進行をさまたげる子 ICT・新しいやり方を取り入れること
生きがい	授業を通して子どもたちが「わかった」を実感できること

困っている・悩んでいること

・あばれる子
・さわぐ子　理解できない行動
・なぐる子
・授業を進めたいのに…
・教えることが生きがいなのに
・これ以上どうしたら…
・みなさんにも見かけてもらっているか
（保護者からの心配の声）

認められたい・褒められたいこと

・休まず出勤している。
・自分なりに新しい方法に取り組んでいる。
・こんな状況でもわかるようになってほしいと指導
・あばれる子にはかかわりたくない…がぐっとこらえてできたときはほめる

フリースペース

※「65歳のA子さん」を参考に、相手のことを自由に思い描いて書いてみて下さい

・今までの自分のやり方だけじゃまずいのは分かっている。
・でもいっぱいいっぱい。
・ぼくだって大病をして体がしんどい中がんばって働いている。
・途中で仕事をやめるわけにはいかない。
・みんなもっとほめたら？その子たちの活やくの場をって言うがそれができたらやっている。数が多すぎるんだ。
・新しいやり方をすると自分の教育観と合わなくなる。

・正直ぼくの手にはおえない。
・とり出してずっと別室で見てほしい
・ほんとは、できない子に手厚くサポートがしたい。でもあの子たちのせいでそれができない。
・学年の先生がいつも話を聞いてくれてありがたい。
・支援級の先生や校長・教頭・教務がいってくれてありがたい。とび出したとき養護教諭が助けてくれてありがたい。

3

「なぜ」
伝えるのか？

なぜ伝えるのか？

「伝える」ときに大切なこと

　ここまで、「話すための書く練習」のステップを示すべく、「誰に伝えるのか」というターゲットを明確に決める大切さについて述べてきました。

　本章でも引き続き、私がいままで書き続けてきた学級通信を足掛かりとして、書き言葉を研いでいく上で重要なポイントについて紹介していきます。

　ここで伝えたいのは、「何で伝えるか」という方法や手段の話ではなく、「何を伝えるか」という中身の部分です。

　中身にこだわるからこそ、それが一番伝わる方法や手段は何なのだろうと考える思考のスイッチが入ってきます。

　たとえば、自分の意中の相手に「あなたが好きです」という想いを伝えようとしたとして。

　最もこだわるのは、メールか手紙か電話か、という手段や道具ではないですよね。

　その気持ちを伝えるために、どんな言葉がふさわしいのか、どんな表現なら相手に思いが届くのか、という中身にこだわるはずです。

　ストレートにズバリと言うのがいいのか。

　それとも何かに例えて易しく伝えるのがいいのか。

　そうして、伝える内容を決めている時に、「やっぱりメールじゃなくて直接伝えよう」や「緊張して言葉が出てこないかもしれないから手紙にして読み上げよう」などと方法・手段の精選が行われていくはずです。

　そして、「何を伝えるのか」という内容や「何で伝えるのか」という方法以上に大切なことがあります。

　それは「なぜ伝えるか」という目的です。

何のために書くのかの目的を確定しよう

　意を決して言葉にした「好きだ」という気持ちは、ただ言いっぱなしで何となく終わるために伝えるわけではないですよね。

　それを伝えることによって、「僕と付き合ってほしい」「あなたとこれからも一緒にいたい」「私のことをどう思っているのか真剣に考えてほしい」などの「何らかの目的を叶えるため」に伝えるはずです。

　たとえば、学級通信で何かを伝える際においても、何のために書くのかという目的を発信する側が確定しておくことが大切です。

　「学級通信」という取り組み自体は、「何らかのよい効果があり、価値があるものである」と多くの人が捉えています。

　漠然とよいものとして捉えられていると、ともすれば「何のためにそれをするのか」という目的の確認がおろそかになりがちです。

　これは、学級通信に限らず教育に関連して行われる取り組み全般において広くあてはまるものでしょう。

　「何となくよいもの」として多くの人が認識していることによって、取り組み自体が形骸化してしまったり、目的がよくわからなくなっても続けられてしまっている活動は山とあります。

　だからこそ、学級通信を書く場合においてもいま一度その「目的を確定」していくことが大切だと思うのです。

　そうすることによって、内容や方法の質が高まっていくからです。

　何で伝えるかという「方法選択」の前に、どんな内容を伝えるかという「内容吟味」と、一体何のために書くのかという「目的確認」をするところから始めてみましょう。

なぜ書くのか？

では、たとえば学級通信とは一体何のために書くのか。

私は、大きく次の4つの意味があると考えています。

①子どもたちに肯定的なフィードバックが届くチャンスが増える

様々な経験を通して、子どもたちが自分の自尊感情を高めていくことが大切であることは、すでに論をまちません。

その自尊感情を高める上で、「ほめる」「認める」という他者からの肯定的なかかわりが重要な意味を持つことも同様です。

ただ、「ほめる」と一口にいっても方法は様々あります。

「担任が授業中に口頭でほめる」という方法1つよりも、色々な場や方法でほめられた方が、当然自尊感情の高まりは大きくなります。

そういった他者からの肯定的なフィードバック場面を増やす意味において、学級通信は非常に有効です。教室という空間を飛び越えて、通信は色々な人の眼に色々な場所で触れるようになります。

すると、担任からだけでなく、それを読んだ友達、自分の親、他の家庭の保護者、他の先生からもほめられるチャンスが生まれるようになります。

何より、消えやすい音声情報とは違い、文字や記事は「残る」のです。

通信の中に視覚情報として確かに残った言葉のプレゼントを、大切に幾度も読み返す子たちが自然と出てきます。

大人でも、過去に貰った手紙を大切にとってある人は多いですよね。

それとよく似た現象が、学級通信でも起きるようになるのです。

これまで担任した子どもたちの中にも、過去に配布した通信を卒業後も何年も大切にとっている子たちがいます。

「高校に進んだあともふとした時によく学級通信を読み返していました」

「読んでいると、何だか元気が出てくるんですよね」

　そのように伝えてくれる子たちも少なくありません。

　空間や時間すら超越し、自分１人で読み返している時ですらじんわりと心が温かくなる。このような大きな可能性が、学級通信という小さなツールには確かに含まれています。

②保護者との強力な連携体制をつくることができる

　学級通信を書いていると、保護者から様々な反応が返って来ます。

「学校の様子がよくわかります」

「子どもと家で話すことが多くなりました」

「家族みんなで○○のことで討論をしておもしろかったです」

「逆上がり全員達成おめでとうございます」

　といった具合です。中には、

「卒業した後も、子育てで悩んだときは○○の〜号を読み返して思い切り泣いて、それからまた頑張りたいと思います」

「この子が大きくなった後も、きっと○○が心の支えとなってくれると思います」.

「涙で文字がぼやけてしまい、続きが読めなくなるほど泣きました」

　といったお便りを頂戴することもあります。

　こうしたお便りがいまでは年間で100通以上も寄せられるようになり、その度に保護者の方との連携が深まり、強くなっていくことを感じてきました。

　もちろん、ここには通信の渡し方も大いに関係しています。

　こちらから一方的に情報を渡す「提供型」ではなく、参加の余白を設計して読者も情報発信に加わる「参加型」に舵を切るのです（参加型通信の詳細は拙著『BBQ型学級経営』東洋館出版、2022年に記しました）。

　学校から家庭へという一方向の通信ではなく、保護者同士もしくは保護者から学校へという双方向の情報交換の場をつくることで、学級の強力なバックアッパーとなってくださる保護者の方が毎年多数名乗りを上げてください

ます。
　これが、毎年の学級経営を進める上で大きな追い風となっています。

③教師の力量形成を目的とした実践記録として活用できる

　学級通信の主な内容は、授業のことと子どものことです。

　特にある程度の頻度で発行するとなると、どうしても普段の授業の内容を書かざるを得ません。このことが、次に同じ学年を持った時の「授業手引き」として非常に役立ちました。

　同じ学年・同じ教材で授業する際、以前の発問や子どもの反応が通信に細かく書かれているため、その軌跡を追うことができるのです。

　以前の子どもたちとのやり取りを読み返し、修正を加えてよりよい授業にしていくことが、私自身の実践を磨いていく上で大きく役立ちました。

　また、教職という職業は、自分自身の成長や成果を定量的に測ることが難しい(数値化が難しい)仕事です。

　サラリーマンのように営業成績が数字として表れるわけではありませんし、プロ野球選手のようにテレビ画面に打率が表示されるわけでもありません。

　RPGゲームのように、レベルアップした時に高らかなファンファーレが出るシステムを夢想したりもしますが、実現はできないでしょう。

　その点、学級の記録を毎年通信として発行することで、後で読み返した際にその後の変化(成長)を読み取ることができるようになりました。

　つまりは、実践記録(個人史)としての活用です。

　成長を見取る物差しは、いくつかあります。

　たとえば、「広さ」です。自分が持っている知識の広さ、多様な価値を受け止められる広さ、トラブルにも余裕を持って対応できる心の広さなどなど。

　過去の通信を読むと、「昔はこんなに狭かったんだ」「以前はこんな風に対応できなかったな」ということが明らかにわかるわけです。

　他にも、「はやさ」があります。

　予期せぬ発言への切り返しの速さ、教室の出来事を通信に言語化するまでの速度、布石を打つ早さ、トラブルを予見できる早さなどなど。

学級通信に記されている過去の学級の姿が、「ずいぶん対応が速くなった
ね」と語りかけてくれているような感覚すら覚えることがあります。
　こうした自分自身への成長の実感が持てることが、新たなチャレンジや実
践を生み出していく上での大きな原動力になりました。
　自分という存在は一番身近な人間であるため、変化していることに一番気
づきにくいという側面が存在します。
　だからこそ、学級通信というツールを活用して測ることの難しい自分の力
を定点観測することにはとりわけ大きな意味があると考えています。

④子どもたちを見る「目」が鍛えられ、文章力が高まる

　第2章にも書きましたが、学級通信を発行し始めたときは、1枚の通信を
作成するのに数時間を要していました。
　いざ机に向かっても、遅々として作業が進みません。
　うまい言葉が出てこない。いい表現が見つからない。
　考えている内に睡魔が襲ってくることもしばしばでした。
　根っからの作文嫌い、筆不精の性分に加え、子どもの変化や成長を見取る
力がまるで足りなかったのですから当然といえば当然です。
　それから十年余りがたって、1枚の通信にかかる時間は激減しました。
　内容にもよりますが、短い時なら約10分で1枚が完成します。
　文章作成のスピードが劇的に変わったこともそうですが、子どもたちの変
化・成長をキャッチする目が鍛えられたことがその大きな要因です。
　継続して通信に取り組むうちに、昔なら見逃していたシーンや何となく視
界で捉えていたような出来事が、「これは通信に書かないと！」という衝撃と
ともに目に飛び込んでくるようになりました。
　同じような場面を見ているのに、それを受け止める自分の心の中に強烈な
喜びや驚きが湧いてくるようになったのです。これは、「心の視力」や「教師
としての眼力」のように言い換えられるかもしれません。
　日々の何気ない子どもたちの姿の中に埋まっている成長や変化をキャッチ
できるようになったことが、通信を作っている中で得た大きな財産です。

自分なりの「型」を体得しよう

「なぜ学級通信を書くのか」について、大きく４つ述べてきました。

目的確認が終われば、次は「内容吟味」の段階です。

簡単に言えば、「何を学級通信に書くのか」を検討します。

たとえば、私が過去に書いてきた学級通信を大別すると、大きく５つの型に分類されます。以下のものです。

型その１　授業の様子を伝える
型その２　授業以外の子どもの様子を伝える
型その３　教師の思いを伝える
型その４　子どもたちの作品を紹介する
型その５　保護者が参加する

これら５つの型も内容や書き方によってさらに細分化されますが、わかりやすくする上からあえて大きくまとめてみました。

自分なりの内容の「型」を体得することは、書くトレーニングに取り組む上で非常に役立ちます。

文章を作成する際の「安定感」を自分にもたらすだけでなく、「速度」や「質」の向上にも大きく貢献してくれるからです。

これらの型は、料理で言うならば「ご飯もの、麺類、肉料理、魚料理、デザート」ぐらいの大きな枠組みで構いません。

大まかなフレームを会得することによって、「晩御飯は麺類がいいな」「よし、今日はうどんにしよう」と、メニューを決定する際の“あたりがつけられる”ということが大切なのです。

「今日は何を作ろうかな」「ひとまず包丁を動かしながら考えるか」とやみくもに料理を作り始める人はいないはずです。

うどんを作る時は、うどんの完成に向けて突き進みますよね。

そして、作り慣れたメニューであれば、一から作り方を調べたり考えたりする必要もありません。

だし汁をとって、麺をゆでて、ねぎを刻んで…

初心者だった頃と比べて、当然「手際」はよくなっているはずです。

さらに、卵を落としてみたり、天ぷらを乗せてみたり、山菜を入れてみたり、というアレンジも自由自在にできるようになります。

何も見ずに手際よく調理ができて、しかも創意工夫すら楽しめる余裕が生まれるのは、ひとえに「おいしいうどんの作り方」という「基本的な型」をあなたが会得しているからに他なりません。

自分の文章の得意・不得意を知ろう

当たり前のように思うかもしれませんが、通信を書く時に「今日は何を書こうかな」「ひとまずパソコンに向かいながら考えるか」というパターンは意外と少なくないのです。

ですから、ざっくりとした分類で構わないので、一度自分でも過去に書いた通信をジャンル分けしてみるとよいでしょう。

すると、自分が書いている文章の得意さや不得意、あるいは内容の偏りのようなものが見えてくるはずです。

その上で、未開拓のジャンルに挑戦してみたり、登場頻度の高いトピックに書き方のバリエーションをつけてみたりすることで、紙面の内容はどんどん彩り豊かになっていくことでしょう。

そして、それらの型が使いこなせるようになってくると、「今日の授業中のあの子の発言を通信で紹介したいな」というような素敵な素材を見つけた時に、手際よくかつおもしろく文章作成が進むようになってきます。

型を会得して、そこからオリジナリティを加えていくおもしろさをぜひ体感していってください。

そうすることで、ますます「書くこと」が「話すこと」に活きるようになっていきます。

学級通信の型　その1 「授業の様子を伝える」

「描写的」に書こう！

　では実際に、私がいままで書き続けていた5つの型について具体例を示しながら紹介していきます。

　1つめは、「授業の様子を伝える」です。

　授業は、クラス担任であればほぼ例外なくどの先生方も行っています。

　それも毎日、さらに数時間分の内容があります。

　尽きることなく日々行っているわけですから、学級通信に書く内容の「宝庫」だといっても過言ではありません。

　事実、私が発行する通信の6〜7割は授業の様子を伝えるものです。

　ただし、授業の様子を書くといっても、

「国語でスイミーの学習が始まりました。元気よく音読に取り組む姿が見られます。」

「今月から水泳学習が始まりました。子どもたちは生き生きとプールで泳いでいます。」

　といった書き方では瞬く間に文章は終わってしまいます。

　では、実際にどのように書けばよいのでしょうか。

　様々なコツがありますが、第一のポイントは「描写的に書くこと」です。

　描写するとは、「その場面の様子が頭に思い浮かぶように書くこと」を指します。授業中の様子で描写できる事柄は色々あります。

　教師側のかかわりでいえば、ベーシックな内容は「発問」や「指示」や「説明」です。

　黒板に書いた内容もそうですし、子どもたちをほめた内容もそうです。

　子どもたちの様子でいえば、「発言内容」「動き」「表情」「全体の雰囲気」「ノー

トに書いた内容」などが挙げられます。

　さらに細分化すれば、『発言内容』は「つぶやき」・「意見」・「反論」・「質問」・「説明」などに分けられますし、『動き』も「見る」・「書く」・「聞く」・「話す」・「挙手」・「姿勢」・「仕草」などに分けることができます。これらを描写し、教室での授業風景が目に浮かんでくるように書くことが重要です。

学活の授業の様子を描写した学級通信

　例として、実際に授業の様子を紹介した通信の文例を３つ紹介します。

　今回取り上げるのは、「学活」と「国語」と「体育」です（なお、学級通信中の児童名はすべて仮名にしてあります）。

　１つめは、年度初めの「学活」の授業の様子を描写したものです。

　さらに、その学活が始まるまでの「担任発表」の際の私の心情も合わせて描写しました。

　少しだけ情報を補足すると、この年は11年間勤めた奈良県の私立小学校を退職し、札幌で公立小学校教員として新たな一歩を踏み出した年です。

　新天地で新たな教員人生をスタートさせた私は、万感の思いを込めて毎年最初の学活で行っている「呼名」を行いました。

　「担任発表」も「最初の学活」も「呼名」も、学校においてはごくごくありふれた場面ですが、それを描写的に書くと印象が大きく変わってきます。

（2017年４月７日発行　４年１組学級通信「新記録」第２号より）

屯田西小学校4年1組学級通信

新生意気

2017年4月7日
給食・発行：渡辺道治

4年1組出会いの瞬間

　北海道に発つ前、奈良では桜が咲き始めていました。日差しもどんどん陽気になり、ポカポカと穏やかな春を迎えていた所です。

　そこから一転、北海道での生活が始まりました。

　徐々に暖かくなってきたとはいえ、まだまだ寒い！

　特に朝の寒さは中々にこたえるものがあり、毎朝ぶるりと身が震えます。

　それでも、昨日は本当に晴れ渡った気持ちで目が覚めました。

　もう間もなく、4－1の子どもたちと出会う。

　そのことを考えるだけで、自然と足取りが早く軽やかになります。

　この1週間ほどは、毎日がそういった状態でした。

　まだかまだかと待ち続けた4月6日が、ようやくやってきたのです。

　朝の寒さも、全く気になりません。

　ウキウキと心躍らせながら、学校へと向かいました。

　最初に行われたのは、着任式。

　この時点で、まだ担任は発表されていません。

　ですが、自然と目線が4年1組の方へと向かってしまいます。

　みんなはどんな表情で登校してきているだろう。

　不安そうな顔をしている子もいるかもしれない。

　体調の悪い子はいないだろうか。

　いろんな事が、頭をよぎります。

　遠目にみんなの様子を眺めながら、着任式が終わりました。

　その後、始業式が始まり、いよいよ担任の発表の瞬間を迎えます。

　「2年1組、○○先生です！」

　「2年2組、□□先生です！」

　それぞれ拍手が起こったりどよめきが起こったりと反応は様々です。この瞬間は、どの学年もドキドキワクワクが抑えられないといった状態です。

もう間もなく、４年１組との出会いの瞬間がやってくる。そう思いつつ、私は努めて平静を装いながら、静かにその時を待ちました。

「次は、４年生の先生です。」
「４年１組、渡辺道治先生です。」
私は誰にも負けないぐらいの大声で
「ハイ！！」
と返事をして担当のクラスへと走っていきました。
目を丸くしている子。
大きくガッツポーズをしている子。
不思議そうな表情で様子をうかがっている子。
十人十色の様子で、みんなは座っていました。
その後、教室へと向かい、まずは最初の出席をとりました。

「山田太郎くん。」「ハイ！」
「佐藤次郎くん。」「ハイ！」
次々と名前を呼んで、５人ほど呼び終えたところで、田中さんが一言。

「えっ覚えてるの？」

何も見ないでみんなの名前を呼ぶ姿が不思議だったようです。
「斎藤花子さん。」「ハイ！」
「伊藤幸子さん。」「ハイ！」
なおも笑顔で呼び続けると、
「わっホントだ！」
「クラス全員覚えてるのかな……？」

　とどよめきが広がっていきます。そして、最後の一人、山口さんの名前を呼んだ時には拍手が沸き起こりました。
　楽しみに楽しみに待っていた、みんなとの出会いの瞬間。
　名前を呼んだだけなのに、なんともいえず温かい気持ちになり、私は胸がいっぱいになりました。
　本当に、印象的な出会いの瞬間でした。
　こうして、平成29年度４年１組の１年間がスタートしました。

学級通信 ❻

学級通信の型　その２ 「授業以外の子どもの様子」

子どもたちの素の姿を伝える

「授業の様子」に次いで通信に記すことのできる内容が多く眠っているのが「授業以外の子どもの様子」です。

朝の時間や放課後の時間。他にも、休み時間や掃除の時間など。

授業時間と比べると、子どもたちの自然なやり取りが垣間見えたり、素の姿に近い様子が見られたりするのが特徴です。

もちろん、毎日休み時間や放課後のことばかりお伝えするわけにもいきませんから、学級通信に記す内容の中で言えば副菜的な扱いとなります。

私が書いてきた通信の中でも、発行回数はさほど多くありません。

全体のおよそ１割〜２割といったところでしょう。でも、この副菜的な通信を楽しみにしている子どもたちや保護者の方は結構多いです。

毎日主菜（授業のこと）ばかりを扱っていると、内容が偏ってしまい、読み手にとってもおもしろみに欠ける通信になってしまうことも考えられます。

日々の通信群の"アクセント"として、また授業だけでは見られない子どもたちの様子を伝える場として、この「授業以外」の通信を活用しています。

では、「授業時間以外」の子どもの様子で、切り取ることのできる場面はいくつあるのか。学級通信に載せられる内容を、列挙します。

---

❶ 休み時間（昼休みや業間休みなど）　　❷ 朝の会や帰りの会
❸ 掃除時間　　❹ 給食時間
❺ 放課後　　❻ その他（休日等）

大まかな書き方についても触れてみましょう。

①で主に扱うのは、子どもたちの「遊びの文化」です。

授業ではなかなか先頭に立ちにくい子でも、「遊びの中ではリーダー」ということはしばしば起きます。

学習だけでは切り取ることのできない、子どもたちの様々な活躍の場面を力強く描写するのに非常に適しています。他にも、当番活動や係活動における子どもたちの姿を描写することもあります。

目立たずとも堅実に仕事に取り組んでいる子や、創意工夫を生かしてクラスのために活動を行っている子をここでほめることができます。

②では、私が話したことの内容や、それに対する子どもたちの反応を紹介することが多いです。

朝の会や帰りの会ですから、長く話すことはありません。

１分〜２分程度の短い話であることがほとんどです。

こうした時間にふと伝えた語りを聞いて、子どもたちがどんな感想を話していたのかを描写していくわけです。

③や④は毎日ルーティンとして行う活動なので、クラス全体の変化や成長が描写しやすいです。

仕事のスピード、チームワーク、取り組みの丁寧さなど、定期的に記すことで子どもたちの内面的な成長を伝えることができます。

⑤と⑥は例外的ではありますが、この場面でも子どもたちの姿を描写し、通信に記すことが可能です。

放課後のひと時に子どもたちと話した内容や、地域のイベントに招かれた時のことなどを描くことで、通信の内容に幅を持たせることができます。

主菜的な位置づけである「授業の様子」とともに、副菜的な位置づけである「授業以外の様子」の型を体得すれば、学級通信の素材に事欠くことはほぼありません。

むしろ、この２つの型をいくつかのバリエーションで書き分けられるようになるだけで、紙面は圧倒的に豊かに彩られるようになります。

それでは、その２の型についても実例を見ていきましょう。

天理小学校6年2組渡辺学級通信 IGNITION 14
2016年4月12日(火)
放課後に訪れた女の子

昨日の放課後のことだった。日が傾きかけた5時ごろ。
クラスの女の子が1人、職員室を訪ねてきた。

「渡辺先生おられますか？」

いつものにこやかな表情ではない。神妙な面持ちで、やや沈んだ様子である。
「お知らせを……」

と言ったところで、その子の目にはみるみる涙が浮かんでいった。
私は、この時点で何が起きたか全く把握できていない。
詳しく聞いて、ようやく事の次第をつかむことができた。

・女の子は、欠席した子にその日のお知らせを書く当番だった。
・この日は、家の用事で2人の子が欠席していた。
・2人のためにお知らせを書いていたが、委員会の仕事等もあって途中で書くことを忘れてしまった。
・そのまま帰宅し、家でそのことに気付いた。
・しまった！と思い、急いで学校に来た。

と、このようなことであった。
仕事を忘れてしまっていてごめんなさい、とその子は言った。
そして、今から書いて、お知らせを届けに行きたい、という。
私は、びっくりした。自分の役割に対する責任感の強さに、である。
小学校の時、自分に割り当てられた仕事に対して、私はこれほどの責任感をもって事に当たることができていただろうか。

答えは、明確に否である。かつての自分を思い出し、その女の子の姿を思うと、穴があったら入りたい気持ちになる。そして、その子にいくつかのことを伝えた。

　大丈夫。人間、忘れることなんていくらでもある。
　そんなことを言ったら、渡辺先生なんてしょっちゅう忘れることがある。
　だから、まったく思いつめる必要なんてない。
　それと、自分の仕事をきちんと全うしようと思って、家から学校まで来たこと。
　ちゃんとお詫びをしたこと。どちらもとっても立派な姿だった。
　とっても偉かったよ。気にしなくていいからね。

　そう伝えて、その子を見送った。女の子は、安心した様子で家路についた。見送った後、そういえば教室で「忘れ物」をした時はどうするかということについて伝えたなぁと、ふと思い出した。
　忘れ物をした時、次の３つをきちんと伝える事が大切だと話したのである。

　「～～を忘れました。(報告)すみません。(謝罪)明日必ず持ってくるので今日は貸してください。(対策)」

　実際に、クラスではきちんとこのことを言えたら、しっかり褒めるようにしている。
　大切なのは、忘れ物をゼロにすることではない。
　減らそうと努めることも大切なことではあるが、大人だって忘れ物をするのだから、子どもに「ゼロ」を求めるのは酷だと思う。
　それよりも、忘れた際にどう対処するのかをまずしっかり練習することが大切だと思っている。
　それこそが、社会生活を営んでいく上での重要なトレーニングだと思うからだ。
　自分の仕事に誠実に向かい、忘れたことを詫び、その上で自分に出来る道を探った女の子の姿は、実に輝いて見えた。
　自分が忘れごと・忘れ物をした時も、かのごとくありたいと強く思った次第である。

学級通信の型　その3 「教師の思い」

　ここまでは、主に「子どもたちの姿」を描写することに力点を置いた通信の書き方を紹介してきました。

　続けて紹介するのは、通信の書き手たる**「教師の思い」**を中心に扱った通信です。主に、次の三種に大別されます。

---

❶学習指導に関すること
❷生活指導に関すること
❸学校外での出来事に関すること

---

　❶は、学習指導に関して、「なぜそのように教えたか」「どのような考えからこの教材を選択したか」など、指導観や教材観に関することを主にお伝えしています。

　❷も、基本的に同様です。「なぜそのように指導したか」「どのような考えからこの話を伝えたか」など、指導の背景たる教師の思いを伝えています。

　❸は、時事的なネタに関すること、最近読んだ本から感じたこと、学校外の人との出会いから学んだことなど、学校の枠を飛び越えて私自身が得たことを伝えるようにしています。

　子どもたちの姿を中心にした通信と違い、教師の思いを中心にした通信は、発行回数はそれほど多くありません。しかし、時として、教師自身がどのような思いでいるかを詳細に綴ることもまた大切な意味があります。

　教師の考えの奥底を知れたり、プロとしての専門性に触れたりすることが、子どもたちだけでなく保護者の方々にとっての「安心」や「信頼」を生み出すことにつながっていくからです。

　だからこそ、教師自身が何を根拠としてこの指導を組み立てているのか、

どういう教育観でこの教材を扱っているかなど、時には披露する機会があっていいと考えています。

読み手にとって「自分」はどんな存在であるか

　情報は、得てして「何を伝えるか」よりも「誰が伝えるか」が重要です。

　そうであるにもかかわらず、保護者の方からすれば、担任の先生がどのような人物であるかがよくわかっていないことの方がずっと多いのです。

　どんな先生なのかがよくわかっていない状態で「このように教えています」「こんな指導をしました」と並べ立てられても、その情報が入ってきにくいことがあるのはきっと容易に想像がつきますよね。

　一昔前と違い、「教員」という立場だけで一定の尊敬や信頼が得られた時代はすでに大きく変わりつつあります。

　だからこそ、「なぜそのように教えているのか」「どのような考えの根拠を持っているのか」を丁寧に届けていくことが大切です。

　そうすることで、先にも書いたとおり安心や信頼が生まれていくからです。

　事実、指導の背景たる思いや担任自身の考え方を伝えたことで、保護者の方からは次のような感想が寄せられました。

　「〜の勉強にこんな意味があったなんて知りませんでした」

　「子どもから聞くと難しい内容に思えたのですが通信を読んで安心しました」

　「先生の考え方を知れて、とてもよかったです」

　つまりは、教え方や指導内容の「趣意」を語っているか否かという話です。

　一つ一つの取り組みの意味を理解しているのと、理解していないのでは、教育効果はまるで違ってくるといえるでしょう。

　これも、「言葉」を相手の心に深く届ける上での大切なポイントです。

　それでは、①②③の内容において、それぞれの実例を示していきます。

（2017年度4月14日発行 4年1組学級通信「新喜録」第16〜17号より）

卒業生たちの言葉から

　昨日、かつての教え子たちから手紙が届きました。

　11年前、教師になりたての時に担任したクラスの子どもたちからです。

　東京から、高知から、奈良から、大阪から。いろんなところから届きました。

　2年生の時に一度担任しただけなのに、こうしてわざわざ北海道まで便りをくれることに、年甲斐もなく目頭が熱くなりました。

　そこに、とても興味深いことが書いてありました。お勉強に関することです。

　今年から高知大学に通っているその子は、「何度も×をつけてもらったから数学が得意になりました。」と書いていました。

　「ノートの書き方、今も同じように書いてます！」とも。

　実際の手紙をクラスで見せると、「ホントだ‼」とみんな驚いていました。

　実は、同じような内容を卒業後に話す子は、少なくありません。

　小学校の時だけでなく、進学後に改めてやっていて良かった！　と思ったという話を何度も聞きました。

　とりわけ、算数に関しては、次の3つことが役立ったという話を頻繁に聞きます。

　「間違いを消さずにきちんと×をつけるクセをつけたこと」

　「きれいにノートを書くこと」

　「間違った問題に印をつけて、できるまで何度もやり直すこと」

　これです。実は、すでに4－1でもクラス開始の時点から伝え続けています。

　私は、学習技能の中でも取り分け「ノートを書く技能」は大切だと思っています。

　ですから、どの学年を受け持っても「ノートをどのように書くのが良いのか」ということを１年間教え続けます。

　こうした学習技能は、一度身についてしまえばその後大きな力となって自分を支え続けてくれるからです。中でも大切なのが、算数のノートです。算数のノートには、ノート指導を行う上で重要なエッセンスが全てつまっています。

　通常、２年生以上の学年であれば、以下の８つを教えます。(１年生の場合は、これらを若干簡素化したものを教えます。)

❶ 授業前に日付・ページ・タイトルを書いておく。
❷ 線を引く時はミニ定規を使う。
❸ 丸をつけるときは、閉じた丁寧な丸をつける。
❹ 下敷きを敷く。
❺ 字は、濃く太く大きく書く。
❻ 答えが間違っていても消しゴムは使わない。大きく×をつける。
❼ 補助計算を大きく書く。
❽ 間をゆったり空けて、見やすく復習しやすいように書く。

　もちろん、いきなり全てを詰め込むわけではなく、少しずつ大切な技能を教え、練習していく予定です。これらの中でも、次の３つは特に大切です。

> ○ 間違っても消しゴムは使わない

「日本のロケット開発の父」と言われる糸川英夫氏。
日本を代表する工学者です。まぎれもない数学の天才です。

　あの宇宙探査機「はやぶさ」が向かった「惑星イトカワ」も、彼の名にちなんでつけられました。その糸川氏は、著書の中で次のように書いています。

「消しゴムさえ捨ててしまえば、３か月後には見違えるように成績があがる。」
「間違えたら消しゴムで消さないで、大きなバッテンをつけなさい。」

　教室でも、これから同じことを言い続けていくつもりです。

「×は宝物なんだよ。」

「それを消すというのは、宝をどぶに捨てているのと同じです。」

「だから、間違いは消さないで大きく×をつけなさい。その隣に、正しい答えを書きなさい。」

それでも子どもたちは、ついつい間違えた答えは、「消しゴム」で消そうとしてしまうことがあります。

「自分のノートに間違えた形跡を残すことが恥ずかしい」と感じる子もいるのでしょう。その感覚は分かります。

しかし、その感覚は成長を妨げる障害以外の何物でもありません。

学習の1つの原理は、「出来ない」部分を「出来る」様にすることです。

そして「出来ない部分」にこそ、自分の成長のチャンスがぎっしり詰まっています。

だからこそ、間違いをきちんと残しておくことが大切です。

"間違い"="宝"であることが全体に浸透するまで同様に声をかけ続けていきます。

○ 字は濃く太く大きく書く

「字をきれいに書きなさい」と教えても、ほとんど効果はあがりません。

ですが、「大きく書く」という意識を持つだけで、字の丁寧さはぐんと上がります。教室では「上の罫線と下の罫線にぶつかるくらい大きく書くんですよ」と教えています。

また、ささささっとノートの上を滑るように薄い字で書いてしまうと、大切な学習内容が脳に伝わりにくくなります。ある程度の筆圧をもって、しっかりとした字が書けるように「濃く太く」と声をかけています。

また現在、お知らせの字を定期的に確認しながら、合わせて「鉛筆の持ち方」の確認を進めています。「書くこと」は、学習作業の中心です。

適切な、持ち方・筆圧・大きさ・濃さが身に付くように、こちらも線の指導で声をかけ続けていくつもりです。

○ 間をゆったり空けて、見やすく書く

数年前に、『東大合格生のノートはかならず美しい』という本が出ました。

すぐさま購入して読みました。

幾つか特徴がありますが、その1つは「余白が広い」ことです。

本の中に出てくる実物ノートは、例外なく間がゆったりとしていました。

実は、計算ミスは「ノートの余白を大きく取る」ことで3割減るとも言われています。

数字がぎっしり敷き詰められているノートは、中身が雑然とし、見にくくなります。

当然ミスも多くなります。

間を空け、一目で何を学んだかが分かるようなノートであれば、復習のときにも大いに役立ち、さらに計算の正確さも上がります。

ゆったりと間を空けているのを見て、もったいないとお感じになる方があるかもしれませんが、「ノートを書きつぶす」のではなく、「計算の正確さを上げる」ことと「繰り返し復習して大切に使う」ことを目指していますので、ご理解いただければと思います。

これらのことを踏まえ、最初の授業で「ノートの書き方」を全員で練習しました。全員シーンとなった状態で鉛筆を動かし、記念すべき1ページ目のノートを書いていました。

集中力の高さが、ノートの丁寧さにも表れています。

どの子も、美しく見やすい1ページ目を書くことができました。

これから1年間、継続的にノート技能の向上を目指して学習に取り組んでいきます。

つめ過ぎず、楽しく学びながら、学習技能が育っていくのが理想ですので、ご家庭でもまた上手にお声掛け頂ければ幸いです。

「ノートの書き方」という学習指導の場面を切り取り、自分自身の教育観を通信2枚に渡って紹介した号です。

保護者の方だけでなく、「ノートの書き方ってこんなに大切なんだ」ということがクラスの子どもたちにも伝わった様子でした。保護者の方への丁寧な説明も大切ですが、それ以上に大切なのは子どもたちの納得感であったりします。

子どもたちが教師の趣意説明に納得し、一所懸命ノートを書いている姿こそが、何より大きな保護者の方からの信頼や尊敬を生み出すからです。

書き言葉でこれらを練習することで、話し言葉にも納得感をもたらすことができるようになります。

学級通信の型　その4 「子どもたちの作品」

今回の型の主役は、「子どもたちの作品」です。

授業の中で子どもたちが創り出した作品を紙面のメインに据えるため、教師が綴る言葉はごく短いものとなります。場合によっては、教師の言葉が「ゼロ」で子どもたちの作品が「100」となるケースもあり、その意味で、1つ前に紹介した「教師の思い」を中心に書く通信とは対照的な内容の通信といえます。

以下、これまでに書いてきた通信に紹介した作品を列挙します。

---

❶ 文章作品（日記、感想文、評論文、物語、新聞、レポート、詩、短歌、俳句、視写等）
❷ ノート（日々の授業ノート（教科全般）に加え理科の観察記録や社会科のノートまとめ等）
❸ 図工作品や家庭科作品（絵、工作、手芸作品等）
❹ その他（長期休暇で作成した作品や行事等を活用して作成した作品）

これらの「作品紹介型」の通信も、頻度でいうと月に数回の発行ですから、それほど多くの発行回数があるわけではありません。

しかし、この作品紹介型の通信を発行することには、いくつかのメリットがあります。大きなところでいうと、以下の3つが挙げられます。

○ 「クラス全員」を容易に登場させられる。
○ 通信作成にかかる時間や手間が極めて少ない。
○ 普段活躍の少ない子どもたちにスポットを当てることができる。

学級通信を書かれている先生方の中には、どの子が何度通信に登場したかをきちんとチェックされている方もいらっしゃいます。

「公平感」を担保する上では大切な視点だといえるでしょう。

　しかし、そのチェック自体が負担となってしまって通信を発行すること自体が億劫になってしまう現実があるのもまた事実です。

　日々の授業において子どもたちの活動量の差や活躍する回数に差があるのが自然なように、学級通信においても「登場数」そのものを厳格に平均化しなくてもよいと私は考えています。それが、学級の自然な姿であると思うからです。

全員紹介型の通信で「公平感」を担保する

　とはいえ、「やっぱり一定の公平性は保ちたい」というのも多くの先生方が思うところでもあるといえるでしょう。

　その時に活躍するのが、この作品紹介型の通信です。クラス皆の作品を紙面に並べるだけで、通信への「全員参加」が容易に成されるからです。

　定期的に「作品全員紹介型」の通信を発行するだけで、クラス全員が必ず一定数以上通信に登場することが実現されます。

　また、通信作成にかかる時間や手間が少ないことも大きなメリットです。

　内容によっては5分程度で1枚の学級通信が完成します。

　さらに、作品の紹介の仕方や切り取り方を工夫することで、普段活躍が少なめな子どもたちに通信上でスポットを当てることが可能になります。

　活用できる教科も国語、社会、理科、道徳、図工、学活と、多岐にわたります。

　相手の心を動かしたい、意識変容や行動変容を生みたいと思った時に「言葉」を使わなくてもそれが達せられる場合があります。この「子どもたちの作品」を使った通信は、まさにその一例といえるでしょう。

　第4章でも詳しく述べますが、「届けたい思い」は別に言葉という方法を使わずとも伝えることが可能です。

　大切なのは、相手に届きやすい言葉を臨機応変に「選択」していくことです。

　私がこうした学級通信というツールを使ったり、言葉以外の方法も活用しているのは、ひとえに「相手に届きやすい方法は何か」を工夫し続けた結果です。次に、作品を使って思いを届ける実例をいくつか紹介していきます。

①学級通信 200 号記念川柳大会（通信に関する川柳を全員が作成）：6 年生

気づけば学級通信「イグニッション」は、今回で 200 号。
いつもお付き合いいただき、誠にありがとうございます。
　100 号の節目がつい最近のことに想うほど、すさまじいスピードで毎日が過ぎ去っていく感覚があります。
　このスピードで書き進めているのは、過去の教師人生の中でも最速です。
　書きたいことが満載であることを、嬉しく思いながら筆を走らせています。
　前回のように、101〜200 までについてご意見ご感想を伺おうとも思ったのですが、ワンパターンではつまらぬと思い、今回は趣向を変えました。
　題して、「200 号達成記念川柳大会」です。
　101〜200 号までについて、「五・七・五」の韻で自由に思いをしたためてもらいました。
　全員分を、紹介します。

○節目の号　みんなでお祝い　パーティーだ！（青木陽奈）

　（先）お祝い、パーティ、どちらもみんな大好きですね。ひとつ、盛大に祝ってみるのもおもしろいかもしれません。

○二百号　ともに歩んだ　一学期（西浦みや）

　（先）振り返ればあっという間。けれど、濃密な一学期でした。26 人みんなと過ごせたことを、幸せに思います。

○おめでとう　思い出いっぱい　増えてきた（池田卒寧）

　（先）思い出は　いつかは薄れ　消えていくもの。だからこそ「今」という瞬間を一日一日大切にしていきましょう。

②自由研究発表会（発表の様子を作品と共に写真に撮影）：4年生

③運動会の意気込み（組み体操のアピールポイントを各自ワークシートに記入。保護者の方に特にみてもらいたい技やポイントを抜粋で紹介）：6年生

天理小学校渡辺学級通信　百五十二号　平成二十七年十月九日
新星
アピールポイントや意気込みなど

今朝、川口先生から組み立てに関するプリントが配られました。

自分の演技する位置を書き込み、それをお家の人にお知らせするというものです。

本来なら立ち位置を書くだけなのですが、ちょっと工夫しました。

アピールポイントや意気込みなどを加えて書くことにしたのです。

細かく詳細に自分の位置を描写する子。

成功率の低い技にあえて注目してほしいと書いた子。

技の詳細は省き、とにかく意気込みを伝える子。

などなど。

それぞれの思いが伝わる書き込みがされました。全員分です。

せっかくですので、ほんの一部だけを抜粋します。書き込みを行ったプリントは本日配布しますので、どうぞご家庭でじっくりご覧ください。明後日、本番です。

・2人技の逆立ちを何度も失敗したけど、本番は成功させます。（速水ひとみ）

・高速ピラミッドが見どころだ。（樽谷雄一郎）

・（16人タワーについて）一番下だけど注目。（平岩百合子）

・顔が真剣なので見てほしい。（福田了介）

・おうぎのだおれるスピード！注目！（紺谷里紗）

・逆立ちなウェーブに注目！（上原真白）

・逆立ちを絶対成功させる。（奥田夕陽）

・角度のあるサボテンに注目！（渡瀬茉実）

・二人技はあんまり得意じゃないけどがんばります！（古賀恋花）

・（高速ピラミッドについて）めっちゃうまいで~。（井久保款介）

・サボテン、きれいすぎます。前サボテンを失敗しちゃうけど、成功してみせる。（平野匡刷）

・3人技の飛行機ができなかったけど本番は成功させるから絶対見てね！（岡田真実）

・（フラワーについて）全体技をよく見てね！（市村有彩）

・ウェーブの時によく見た方がいい。（牟礼涼介）

・高速ピラミッドは100%成功させます。（木本陽介）

・自分があるのは肩倒立！（下村朋和）

・キレがある演技を見てね！（有谷和真）

・一番下で痛いけどがんばります！（薛野瑠菜）

・今の精一杯をもって、本番に臨みます。今までの練習の成果、成長を見て下さい。遂に運動会本番！一番上にのってる100%のってみせる。（久保大輝）

・絶対サボテン上げる！（西川武広）

・創立成功率40%ケド！ほんばん注目😊（長瀬理実）

・3人技の飛行機が全然でき...お楽しみに〜。（岡本理香）

・ペアを変えてはっかりです。肩車に注目！（秋岡心花）

・（フラワーについて）目を光らせて見てね！お花のことだよ！（橋本玲）

・（フラワーについて）音楽に合わせてキレイにきめてみせる！（野口萌）

・かたぐるまの声に注目！（富澤初花）

・「オットセイ」がめっちゃ希望！（高橋光理）

・（高速ピラミッドについて）これ見ないと人生の80%そんしてるよ。ヒッヒッヒッヒッヒ！速さに注目！（上田晴人）

・（フラワーについて）キレイにする、1重目・新ワザ・一重目！（松谷野居）

・3人技の飛行機が全然で気なかったけど、お楽しみに〜。（大蔵美智）

・おうぎのだおれる速さ（スピード）に注目！（井屋実里）

・ピラミッド、駐車場から2番目3段のうちの一番下のど真ん中にいます。（牛田みか）

・絶対成功！（王子萌）

・飛行機成功率80%！本番注目❗（入江秋緒）

・サボテン注目、ギリギリまでたおす！（有賀誠市）

・なかなか成功しない二人技　必ず成功させる。（岩崎圭吾）

④ヘチマの観察記録（観察ノートを全員分撮影）：4年生

屯田西小学校4年1組学級通信

221 新学通信

2017年8月28日
編集・発行：渡辺道治

ヘチマに勝る成長速度

約1か月ぶりに観察記録をつけました。

　ヘチマの成長も凄いですが、それ以上にみんなの記録をまとめるレベルが上がっていることに驚きました。全員分のノートを紹介します。

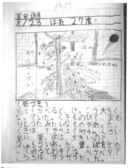

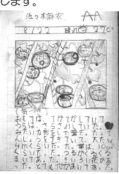

学級通信の型　その5
「保護者が参加する」

「参加型通信」がつながりを生む！

ここまで、4つの型についてその実例を紹介してきました。

これらは基本的に、教師が編集し、教師が発信する内容です。

学校側が主となって提供する、一方向（ワンウェイ）の通信です。

これらの通信にも様々な効果が期待できますが、最後の5つめの型である

> 「保護者が参加する」

を活用できるようになると、紙面上で双方向（ツーウェイ）のやり取りができるという新たな価値が生み出せるようになります。

　具体的には、すでに本書の第1章でもいくつか紹介したように、保護者の方が学級通信に様々なお便りを寄せてくださるようになるのです。

　それに私が返信したり、他の保護者の方がお便りを投稿したり…。

　このように、紙面上で様々な交流がなされていくようになります。

　私は、これを「参加型の通信」と呼んでいます。

　教師が1人で編集や発信のすべてをこなす提供型とは違い、参加型の通信には読者の方々とともに紙面を作ることのできるおもしろさがあります。

　それだけではありません。

　紙面上での豊かな交流は、様々なつながりや連帯感を教室に生み出します。

　そのことが、学級経営の上で考えられないような追い風を生み出し、圧倒的にダイナミックな学びが可能になったことが幾度もありました。

　歴史学習の一環として、自分の子どもの頃の思い出を素敵な文章に綴って学級通信に投稿してくださった方がいました。

逆上がり全員達成を成し遂げた子どもたちの祝いのパーティーに、真心たっぷりの料理で花を添えてくださった方がいました。

　子どもたちのたっての願いをかなえるべく、大型バスを走らせ、卒業旅行を応援してくださった方がいました。

　イスラム圏の国と交流学習を企画した際、フランス語の堪能な保護者の方が通訳をすすんで手伝ってくださいました。

　子どもたちの楽しみにしていた地域行事がコロナ禍で中止になった時、その代替行事を企画し運営してくれた方がいました。

　緊急事態宣言が出され休日にも外出しにくいような日々が続いた時、親子で楽しめるオンラインクイズを作ってくれた方がいました。

　これはほんの一例にすぎませんが、いずれも私1人の力で提案するスタイルの教育活動では実現し得なかったものばかりです。

　提供型ですべての教育活動をデザインしている限り、基本的には「提供する側」の能力や経験や人脈によって学びの範囲は規定されてしまいます。

　しかし、参加型で多くの方の力が結集できれば、学びの可能性は無限に広がっていきます。単に、教育活動が充実するだけではありません。

　一つ一つの参加体験や協力体験を経て、学校と保護者の方との間に豊かなつながりや重なりが生まれていきます。

　そのきっかけの多くが、この参加型通信から生まれていったのでした。

保護者の協力が必要？

　なお、こうした内容を発信していると、少なからず次のような感想や質問を伝えてこられる方がいます。

「保護者の方々がとても協力的なんですね」

「もともとそういう特色のある地域なんでしょうか？」

「じっくりと培われた確かな信頼感があることが伝わってきます」

　こうした感想や質問を受けるたびに、私は毎回丁寧に「そうではありません」と伝えています。

　この文章を書いている現在、私は愛知県での生活を始めてちょうど1年が

経過したところです。

　北海道生まれ奈良県育ちの私には、愛知県は縁もゆかりもない場所。

　そこに、開校から2年目を迎えた新設の私立小学校で勤務を始めました。

　当然、長年じっくりと培ったつながりは皆無ですし、学校全体にもそうした豊かなつながりの文化があったわけではありません。

　しかし、そうしたある種極端な状況の中においてさえ、この参加型通信にはたくさんのお便りが寄せられました。

　お便りが寄せられるようになっただけではなく、そこに豊かなつながりが連鎖的にたくさん生まれていきました。

　最終的には、保護者の方々が、進んでクラスのためのイベントをすべて手作りで企画してくださるようにもなったのです。

　バーベキュー大会、夏祭り、クリスマスパーティー。

　これらを、すべて保護者の方々が創り上げてくださいました。

ピッタリの方法を選択するために

「なぜ書くのか」という目的確認のところから、「何を書くのか」という内容吟味における部分を5つのパターンに分けて紹介してきました。

これは、話し言葉に書き換えても全く同じことが言えます。

「なぜ話すのか」ということを確認してから、「何を話すのか」という内容吟味の段階に進んでいこう。

そして、話すときにも闇雲に話すのではなく、「型」を生かしながら話していこう。

すると、相手に届きやすい「話し言葉」が出てくるようになる。

このようなことを皆さんに感じていただきたかったのです。

そして、次章で詳しく述べますが、「学級通信」という一種の「書き言葉ツール」が至上の方法でないことはすでにおわかりいただいていることと思います。

「作品」という言葉ではないものをとおして相手に伝える方法も紹介しましたし、最後の「参加型」では私は何ひとつ言葉を紡いですらいません。

でも、「参加する」という行為によって、私の思いや考えを体感することができていることは、保護者の方々の声が物語っています。

ですから、思いを届ける上で次に大切なのは、「ピッタリの方法を選択する」ということなのです。

そして、「選択する」ためには、どんなパターンがあるのかを網羅的に学んでおく必要があることから、ここまでかなりの文量を使ってその「型」を示してきたわけです。

次の章では、「目的確認」・「内容吟味」に続く、「方法選択」の重要性について述べていきます。

「どう」
伝えるのか？

ツールを見極める①

伝えるための最上の方法を選択する

　ここまで、学級通信を題材として「目的確認」や「内容吟味」の方法について紹介してきました。本章でメインに扱うのは、「方法選択」です。

　何のために伝えるかを確定して、どんな思いを伝えるのかを吟味した上で、その目的を達するために最上の方法は何かを選択していきます。

　先にも書きましたが、学級通信はその中の1つのツールに過ぎません。さらによい方法が見つかったのならば、迷わずそちらを選択すればいいでしょう。

　ここで大切なのは、「内容の型を5つ紹介」したのと同じように、「どのような方法のパターンがあるのか」を網羅的に学んでいくことです。

　これをせずに感覚的に方法選択を進めてしまうと、つい自分にとって馴染みのあるツールしか使わないことが多くなります。

　全体を確定し、カテゴリーに分け、その中から最上の方法を選択する。

　これができるのも、プロとしての1つの条件であるともいえるでしょう。

　では、まずは方法選択における全体像を網羅的に見ていきます。

　最初の分かれ道は、これです。

言葉を使うか否か

　およそ何かの思いを伝えようとした際に、我々は多くの場合「言葉」を使います。最も手軽な方法であり、普遍的なツールであるからです。

言葉を使わずに思いを伝えることもできる

一方で、言葉を使わずとも思いを伝えることができます。

たとえば、「絵」がそうです。「はじめに」で紹介した卒業式に配布した学級通信（5頁）には、私がその日に黒板に書いたイラストが載っていました。

富士山をバックにして手前には桜吹雪を散らし、そして力強く飛び立つ「鳥」のシルエットを描いた作品です。

私はその黒板アートについて、卒業式の当日、何ひとつ語りませんでした。

それでも、子どもたちはその絵を「凝視」していました。

何人もの子たちが、その絵の前で記念写真を撮っていました。

「先生、素敵な絵をありがとうございます」と言いにくる子もいました。

その絵をまじまじと見つめて、涙ぐんでいる子もいたほどです。

きっと、子どもたちは私の思いを絵から様々に感じ取ったのでしょう。

「絵」だけではありません。

言葉を使わずとも思いを伝えられる方法は様々にあります。

「音楽」がそうですし、物を送る「プレゼント」もそうです。

さらにはプレゼントの中にも、形あるものばかりではなく、先述した保護者通信のように学級運営に参加できる「チャンス」や「権利」など実体がないものもあります。

もう少し身近な例でいえば、「目線」や「表情」や「ジェスチャー」などもそうです。ノンバーバルコミュニケーションにおいても、私たちは自分の思いを確かに相手に伝えることができます。

このように「言葉以外の方法」をまずは網羅的に確定することが大切です。

ぜひ一度、以下の余白に思いついた方法を書き出してみましょう。

ツールを見極める②

書き言葉と話し言葉の違い

　実際に書き出してみると、自分が思いの外多くのツールを使えていなかったことに気づいたのではないでしょうか。

　たとえば、教室で渡せる「言葉以外のモノ」ひとつとってみても、ハンコ、シール、サイン、マーク、クリップ、メダル、トロフィー、ポイント…などたくさんのものがありますよね。

「あえて言葉を使わない」ことにより、早く思いが伝わったり、相手がそれを受け取りやすくなったりするのが「言葉以外の方法」の特徴です。

　では、「言葉」を使う方法は、どのようにカテゴライズしていけばいいでしょうか。これも、最初は大きく２つに分かれます。それは、もちろん書き言葉と話し言葉です。第１章でもその違いについて大まかに述べましたが、ここではそれを改めて整理してみます。

種　類	特　徴
話し言葉 （音声）	・音声なので消えやすい ・声量や表情などどいくつかの要素を組み合わせて思いを伝える ・間違えた時にその場で言い直しができる ・相手がいるため比較的素早く言葉を紡ぐ必要がある ・いくつかの要素を組み合わせるため熱量が伝わりやすい
書き言葉 （文字）	・文字なので残りやすい ・基本的にテキストのみで思いを伝える ・手元を離れると基本的に書き直せない ・相手がいないためじっくりと言葉を紡ぐことができる ・話し言葉に比べてやや淡白な印象で伝わることが多い

どんな場面や方法でよく使われる？

それぞれ、どんな場面や方法でよく使われるかも分類してみましょう。

> **話し言葉**…会話、電話、ビデオ通話、講演、スピーチ、テレビ、討論…

> **書き言葉**…手紙、メール、チャット、学級通信、一筆箋、新聞、論文…

　言葉を使うと、より深く思いが伝えられたり、より強く思いが届けられたりできるのが特徴です。

　その中の話し言葉と書き言葉だけでも、これだけ違いがあります。

　そして、我々は日常の中で自然とそれらを使い分けています。

「メールだと曲がって伝わるかもしれないから1本電話しておこう」

　などはその典型ですね。それ以外にも、言葉と言葉以外のツールを組み合わせるパターンもあります。

「いままでの感謝の気持ちをしっかりと届けるために、プレゼントを用意するだけじゃなくて自分の思いを手紙に書き、それを読み上げよう」

　結婚式などでよく見られる「感謝の手紙のシーン」がこれにあたります。

　つまり、我々は届けたい思いや内容によって、その強度や組み合わせを自然と使い分けているということです。

　仲のよい友人にちょっとした連絡をするならメッセージで簡単に。

　大切なクライアントに要件を伝える必要があるからビデオ通話で。

　そのようにして使い分けている諸々のツールや方法を、一度網羅的に確認し、その特徴や強みをおさえておくことが重要です。

　網羅した上で、最善なパターンを選択するのです。

　できれば、自分にとっての得意パターンを確定するとなおいいでしょう。

　それぞれのツールの強みを理解して、相手や状況に合わせてベストミックスを考えていくことが重要です。

タイミングを見極める

「自分にとっての失敗事例」から学ぼう

　ツールが確定したならば、その次にタイミングを考えましょう。

　もちろん、状況によっては刹那の判断を下さねばならないこともありますし、タイミングを見極めていられないケースもあるでしょう。

　ここで言いたいのは、過去の事例、とりわけ「自分にとっての失敗事例」から学び、よりよいタイミングを検討していこうということです。

　たとえば、「子どもの言動や行動についカッとなり、すぐさま叱ったところ思わぬ反発を招いてしまい…」のようなケースはたくさんあるはずです。

　これは、伝え方もよくないのですが、タイミングもよくないのです。

　怒っている時は、基本的に人は頭が悪くなっています。理性的な判断が下せなくなっており、言葉が行き過ぎてしまう危険性が大きいのです。

　しかし、どんなに激しい怒りでも「6秒」待てばそのピークは過ぎ、冷静さを取り戻せると言います。怒りで我を失っている時より若干のクールダウンを経た方が、よほど冷静な判断が下せるといえるでしょう。

　一方で、「ほめる」などの肯定的なかかわりをするときはどうでしょうか。

　応用行動分析学では、行動を起こして「60秒以内」に肯定的なフィードバックがあるとその行動が増える（強化）といわれています。

　反対に、時間がたってしまうと、その効果は激減します。

　1週間前のことをほめられても相手はピンときません。ですから、ほめるときには「できるだけ早く」という原則が成り立つのです。即座に力強くほめてもらうことで、その子の行動は一層強化されていくでしょう。

　こう見てみると、「ほめる」と「叱る」という2つのかかわりだけでも、そのタイミングの傾向がわかってきます。

> 叱る時は、時間を空けて冷静に。ほめる時は、即座に情熱的に。

こうした基本的なことを押えておくだけでも、子どもたちへの言葉の入り方がまるで変わってきます。

言葉が響く「旬」を見極める

第1章で述べた、4人組の女の子の話を覚えているでしょうか。

去年までの人間関係のいざこざについて訴えてきた女子4人組です。

あの時も、私はこの原則を使いました。

子どもたちの話を受けてから、意図的に時間的な空白を取りました。

強い指導をその場ですぐさますることもできましたが、大切なポイントだけを端的に伝え、しばらく様子を見守ることにしたのです。

そして、1週間後。4人が和気あいあいと登校してきた姿を見つけるや否や、第1章の通信を書いて配布したのです。

該当部分を再度紹介します。

> この通信はクラス全員の前で読み上げました。通信に書いた書き言葉をあえて話し言葉にして読み上げ、最後に次のように言葉を添えました。
>
> > 「カッコいい生き方を自分で考え、選び、実行し始めた子たちがすでに6年3組には出始めていてね、この通信に登場している子たちがまさにそうなんだよ。誰かが特に手助けしたわけでもないのに、自分たちで考えて問題を乗り越えていった姿を見て、先生は本当に嬉しかったんだ。あぁカッコいい姿だなぁって思ったよ」
>
> 4人の子たちは、ニコニコしながらその言葉を聞いていました。
>
> さらにいうと、その4人以外の子たちの中にもこの通信をきっかけに行動を大きく変えていった子たちがいます。私はこのようにして、色々な角度から荒れているクラスや対立している子どもたちに「言葉」を届けていったのでした。

ここにも、先の「タイミングの原則」が生かされています。

渡し手を見極める

タイミングと同様に、ここにも言葉が届きやすくなる原則があります。

たとえば、「ウィンザー効果」をご存じでしょうか。

これは、「当事者が自ら発信する情報よりも、他者を介して発信された情報の方が、信頼性を獲得しやすい」とする心理効果です。(なお、ウィンザー効果の名称である「ウィンザー」とは、アーリーン・ロマノネスによる著書『伯爵夫人はスパイ』において、登場人物であるウィンザー伯爵夫人が述べた「第三者のほめ言葉が何よりも効果的だわ」に由来しています)。

なぜ、第三者が発した情報の方が、信頼性があり効果的なのでしょうか。

たとえば、担任の先生が「Aくんの意見は素晴らしい」とほめたとします。

これは当事者である先生が伝えていることなので、「本心からそう思ってるのか？」「大げさに言っているのではないか？」という感じ方をする人もいます。

当事者には、「ほめる」ことによって何らかのプラスが生まれることがあり、それが信ぴょう性に欠けるケースを生んでしまうということです。

「先生がAくんをほめる」

→「Aくんが先生の言うことをよく聞くようになる」

→「そのために先生はAくんを取り上げてほめている」

のような見方をしてしまうことがあるわけです。

当事者より他者の情報が届きやすいワケ

一方で、そのような利害関係に直接関係のない人が「先生がAくんの意見をほめていたよ」と言うと、信ぴょう性が増します。

なぜなら、意見を伝えてくれた人に特筆するメリットがないからです。

友人間の話や、インターネット上の口コミ、レビューなどは、利害関係が

存在しない場合がほとんどです。

　なぜなら、当人たちにとってウソをつく必要がないからです。つまり、

> **「利害関係がなければないほど、情報の信ぴょう性は増す」**

という原則が存在するのです。もちろん、「毎回毎回間接的に伝えよ」ということを言いたいのではありません。

　先ほどの配球の話よろしく、「直接的に伝えること」に対して「間接的に伝えること」も使えた方がより効果的なのです。

　そういった意味でも、私は学級通信を活用していました。

　担任からの直接の話し言葉だけでなく、通信による書き言葉が残り、さらにそれを読んだ第三者からもほめてもらえる可能性が増えます。

　こうした要素を生み出すためにも、学級通信というツールは非常に有効です。

　さらに言えば、学級通信に載る内容が「第三者が発信した言葉」であれば、これは凄まじい相乗効果が期待できます。

　たとえば、外部からの参観者が教室に来られた時などがそうです。

　その参観者は、普段の教室にいません。明日からも教室に来ません。

　完璧な部外者であり第三者です。

　その方々に、参観した子どもたちの様子がどのように映ったのかが、後日手紙で届くことがあります。それを、通信に載せるのです。

　同じ、「ほめる」というかかわりでも、「渡し手」が異なるだけでその効果は大きく変わってきます。

　ツールをうまく使えば、いくらでも変化や応用がきくはずです。

- 事前にお願いをしておき校長先生から表彰をしていただく。
- 一筆箋を渡して保護者の方々からほめてもらえるようにする。
- その子のよいところを友達から手紙で認めてもらう授業を行う。

「自分が直接」渡すばかりではなく、渡し手を変えることによりその効果が高まるチャンスがあるならば、どんどん使っていくといいでしょう。

場所を見極める

「光」や「音」を調整する

タイミングや渡し手と同様に、「場」も重要なファクターです。

先ほど「校長先生から表彰してもらう」という例を挙げましたが、多くの学校ではその際に「体育館」や「講堂」を使うのではないでしょうか。

それは、広い場を使って衆目を集めることにより、「賞賛の気持ちを強く相手に伝えられる」という効果があるからです。

もう少しいうと、指導をする際は場所の「光」や「音」も大切です。

たとえば、クールダウン（カームダウン）スペースという場所があります。

これは、外部の音や光や視線を遮断して気分を落ち着かせる場所のことです。

このクールダウンスペースの特徴は、可能な限り「音や光」を遮断することです。スペースに使う生地の肌ざわりもソフトにし、色合いも落ち着きを取り戻しやすい寒色がベースです。こうすることによって、パニックを起こした子どもたちが落ち着きを取り戻しやすくなったりするわけです。

私も、公立学校で勤めていた頃に、教室に畳をもちこんで「和室スペース」を作ったことがありました。この和室も、このクールダウンスペースとしての活用を第一の目的として設けたものです。

クールダウンスペースは様々な用途に使える

　簡単なついたてを障子で作ることによって、外部からの視線も一定程度遮断することができました。子どもたちに、何か指導をする際など、私はこの和室をよく使ったものです。

　なぜならば、圧倒的に子どもたちが「落ち着いて話を聞く」ようになるからです。

　子どもたちは、この和室が大好きでした。

　座るだけで「気持ちいい〜」「癒される〜」とどの子も声をあげます。

　私はその姿を見ながら、よほど学校には「癒し」を感じる場所が少ないのだなと感じました。

　なお、この和室はクールダウンスペースとしての機能や学習の座席としての活用だけでなく、様々な用途に使うことができました。

　・憩いや休憩の場
　・百人一首の試合会場
　・読書スペース
　・楽器の練習場所

　全校生徒の衆目が集まる体育館も、少ない人数で直に座って使える和室も、どちらも「場」です。

　その「場」にある力を有効に使っていくことで、やはり「言葉」は伝わりやすくも伝わりにくくもなっていきます。その原則としては、

　ほめる時は、衆目を集める賑やかな場所で。
　叱る時は、人目がつかない静かな場所で。

の２つがあるでしょう。

　もちろん番外編としての使い方もありますが、まずはこうした大前提を抑えておくことで様々な「応用」がきくようになっていきます。

重さを見極める

届け方にひと工夫を加えよう

　ツールを見極め、ピッタリのタイミングや渡し手や場所を選べば、おのずと自分の思いは相手に届きやすくなります。一つ一つの組み合わせパターンは無数にありますが、その中には必ず「最適解」が存在するからです。

　一度でベストの方法が見つからずとも、よりよい届け方は何かということを考え続ける中で、自然とその選択力は高まっていくでしょう。

　その上で、さらに一歩突っ込んでお伝えしたいのは、「効果の重さについての理解を深めよう」ということです。たとえば、先ほど紹介したほめる時は、「衆目を集める賑やかな場所で」という原則。

　これはあくまで原則なので、例外ももちろん存在します。

　思春期に起こりがちな「できるだけ目立ちたくないから人前でほめられたくない」と思っている子などは、まさにその典型です。

　他にも、よく男性の先生から「高学年女子との関係が難しく、ほめても露骨に嫌な顔をされてしまいます」というような相談を受けることがあります。

　ここにも、情報の「重さ」が関係しています。その子からすれば、その届け方は「重過ぎる」のです。目立ちたくなかったり、直接ほめられたくないと思っている子からすれば、その届け方では受け取りにくいのです。

　そんな時はどうすればいいか。

　そう、効果の強さを和らげて届けてあげればいいわけですね。

　ほんのひと工夫をするだけで、一気に相手がメッセージを受け止めやすくなるならば、それを選択しない手はありません。

　直接が難しければ、あえて間接的な方法で。

　話し言葉では難しいならば、あえて書き言葉を活用して。

1人を取り上げるのが難しければ、あえてグループを取り上げる形で。

　このようにして、「効果」についても毎度マキシマムを狙うのではなく、ちょうど相手が受け取りやすい重さに加減してあげることも時には大切です。

不必要なことを言わない決断をしよう

　さらに、「自分の言葉の重さ」も、メタ認知をしておく必要があります。「言葉が軽い人」と「言葉が重い人」の違いは、明確に存在します。

　たとえば、冒頭の章でお伝えしたような「挨拶は大切である」といった類いの話を教室で子どもたちに伝えたとします。

　教師は子どもたちに意識変容や行動変容を生みたいと思って話をしていますが、それが毎回全く子どもたちに響いていないケースを想像してください。

　このような姿が常態化するとどうなるか。

　そう、教師の言葉はどんどん「軽く」なっていきます。なぜなら、子どもたちの側からすれば、毎回「ただ聞いているだけ」でいいからです。

　先生の話を聞いても特に行動を起こす必要がない。

　いつも聞いているけど誰も意識を変えようとしていない。

　つまり先生の話は聞いている体さえ取っておけばいい。このようなことを子どもたちは意識するしないにかかわらず、体で覚えてしまいます。

　こうなると、ありとあらゆる指導や語りが入りにくくなります。

　ですから、こうしたことを防ぐためにも、「どんな言葉を言うか」だけでなく「どんな言葉を言わないか」にこだわっていく必要があるのです。

　「響きも届きもしない言葉しか発せない」段階ならば、むやみに伝えるのではなく一旦方法や言葉を考えるのも大切であるということです。

　そして、勇気あるストップをかけてから、もう一度考えるのです。

　どんな言葉なら相手に届くのか。どんな方法なら相手に響くのか。

　こうすることで、相対的に言葉は「重く」なっていきます。

　不必要なことを極力言わない決断を下すことにより、「先生は本当に大切な内容しか言わない」というような受け取り方をするようになるからです。

距離を見極める

方法選択のポイント、その最後の項となりました。

先ほどの「重さ」の内容とも関わりますが、よりよい届け方を考える際には「適切な距離感を設計する」ことが極めて重要です。

以前、私が６年生で担任したクラスの話です。

そのクラスは、５年生の時に学級が大きく荒れ、授業成立が困難な状況でした（ちなみに「はじめに」で書いた学級とは別のクラスです）。

度重なる暴言やトラブルにより担任の先生の心労は積み重なり、ついには加配の先生が学級に配置されることに。

しかし、それでも事態は収まらず、６年生から担任が交代することとなりました。

こうした状況で担任を引き継ぐ際、私が１つのゴールとして密かに心の中で掲げる目標があります。

それは、「前担任の先生とクラスの子たちの関係を修復すること」です。

新しい学年になって新しい担任の先生になり、クラスが大きく変わって、子どもたちがたくさんの成功体験が積めたとします。

それはそれで幸せなことなのかもしれませんが、そのまま１年を終えて卒業させることはできるだけしたくないと私は考えていました。

なぜなら、それでは５年生時に自分たちが起こしてしまった「荒れ」を真に乗り越えたとはいえないからです。

下手をすれば、「先生が変わったからクラスが変わった」「よかったよかった」と他力任せの経験になってしまう危険性すらあります。

本当の意味で「クラスがよくなった状態」というのは、私はそうではないと思うのです。

現在の素晴らしさをただ享受するのではなく、過去の苦い体験ともしっか

りと向き合い、それを自分たちで乗り越える姿にこそ真なる成長が現れると思っています。

荒れたクラスを引き継ぐには・・・

そうした意味で、荒れたクラスを引き継ぐ際には、私は心の中で決めているのです。

子どもたちが過去の体験に自ら向き合い、乗り越え、その先に前担任の先生との関係が修復されていく姿を、です。

ただし、「内省」を深く生むというのは、極めて難しい営みです。

「反省しなさい」と言われても、人はなかなか深く自分を省みることはできません。

その深い気づきを生むためには、「距離感」が必要です。

「余白」や「スペース」と言い換えてもいいかもしれません。

自分のことをダイレクトに考えさせられるよりも、一見関係のなさそうなエピソードをとおしての方が、深い内省が生まれやすくなるのです。

考える事象との間にある「距離感」が、自分のことを落ち着いて振り返るスペースをつくってくれるからです。

では、ここで実際の通信の「音声」を聞いてみてください。

次のQRコードから、私が日々発信しているラジオアプリ「Voicy」の音声を聞くことができます。

実際の教室にいる子どもたちの姿をイメージしながら聴いてみてください。

きっと「距離感」の大切さが伝わるはずです。

チューニングシートを書いてみよう②

気になる「あの人」に言葉を届けるつもりで

　ここまでを踏まえ、演習に移りましょう。第2章のチューニングシートの続きです。

　1回目の演習では、「相手のことを思い描く」演習を行いました。

　今回の2回目の演習は、その演習をより実践的に行います。

　1回目の演習で思い描いた「あの人」に対して、実際に言葉を届ける場面をイメージし、右のシートに書き出してください。

　気になるあの人に、届きそうな言葉とは何か。

　その言葉が、もっとも届きやすい渡し方は何か。

　実際に、その言葉を届ける時の一番のポイントは何か。

　そして、実際に行動を起こしてみて、どんな気づきが得られたか。

　このシートは、何枚印刷して使っていただいても構いません。

　相手に選ぶ「あの人」も、色々な人を選んでみるのもいいでしょう。

　こうしたことを繰り返しながら、試行錯誤を続けていくことで、着実に「言葉を届ける力」は磨かれていきます。ぜひ、挑戦してみてください。

　その時に、いちいち書くものを取り出して相手に渡す言葉を書き出していくというような悠長なことをしている間はありません。

　すぐさま何らかの指導を行わなくてはならず、しかもそれぞれのケースが毎回違う「応用問題」であることが、現場ではほとんどなのです。

　そして、その刹那の対応で求められるのは大部分「話し言葉」です。

　前線に近ければ近いほど、その割合は高くなるでしょう。

　管理職など、後方支援をメインにしている役割の方々は、関係機関などへの連絡として「書き言葉」で文書を書くことが多くなったりすることもありま

すが、最前線にいる人たちは違います。基本的には、その場で紡いだ「話し言葉」を相手に届け、何らかの意識変容や行動変容を生んでいくことが求められます。その力を高めるための基礎練習をここまで紹介してきました。

> **前線で多用するのは、基本的に話し言葉。その話し言葉の力を磨く
> 基礎トレーニングとして、書くことの練習を日々続けよう。**

これが、私の主張です。

気になるあの人に届きそうな言葉（伝えたら喜びそう、驚きそう、感動しそうな言葉）

あの人に言葉が届きそうな渡し方（「誰から」「何を使って」「どのタイミングで」渡せば届くか）

あの人に言葉を届けるときの具体的なアクションプラン（決行日時、手順、工夫、留意点など）

実際に行動を起こしてみてどんな気づきが得られたか

書き言葉から
話し言葉へ

〜 話し言葉を磨くために 〜

声を磨く

　最後の第5章では、研ぎあげた斧を「実際に振るうときのポイント」を述べていきます。

　第1章で紹介したメラビアンの法則をおさらいします。

　言語情報：7%（話の内容）
　聴覚情報：38%（声の高さ、速度、アクセント、間の置き方など）
　視覚情報：55%（表情、視線、ジェスチャー、姿勢など）

　我々のコミュニケーションにおいて相手に渡している情報の影響力が、数値として示されています。

　ここまで磨き方を示してきた言葉は「言語情報」です。

　続いて、音声情報の磨き方にフォーカスしていきましょう。

　音声情報における要素を、8つに分けてみました。

　○声量(純粋なボリューム)
　○速度(話のスピード感)
　○抑揚(キーの上げ下げ)
　○緩急(速度の上げ下げやリズムの変化)
　○強弱(音量調節やアクセントのつけ方)
　○間(効果的な休符の使い方)
　○声色(太いor細い、高いor低い、通るor通らない)
　○シャープさ(無駄が削がれているか)

音声にとって特に大切な条件とは

では、読者の皆さんに1つ質問です。

この8つの中で、特に大切なポイントを1つ挙げてくださいと言われたら、どの要素を選ぶでしょうか。

自分の役割や仕事の上でイメージする形で構いません。

たとえば、教員の仕事でいうならば、その中心は「授業」です。

その授業において何らかの言葉を「音声」で伝える際に、上の8つの中で特に大切な要素とは一体何なのでしょうか。

第1位が決まった人は、「なぜそれが大切なのか」も合わせて言語化してみてください。さらに、2位、3位と決めて、ベスト3も確定すると、より自分の中での「音声における重要ポイント」がハッキリしてくるはずです。ぜひ、以下の空欄に書き出してみましょう。

1位「　　　　　」(理由：　　　　　　　　　　　　　　　　　　)	
2位「　　　　　」(理由：　　　　　　　　　　　　　　　　　　)	
3位「　　　　　」(理由：　　　　　　　　　　　　　　　　　　)	

普段から「話す」ことは多くの方にとって日常的な営みだと思いますが、このように改めてその力を分析することは少ないのではないかと思います。

それでも、無意識にも我々は日々感じているはずです。

「あ、この人の声って素敵だな」という印象や、

「この人の話し方ってすごく聞きやすいな」という感覚を、です。

そして、その素敵さや聞きやすさを分析していくと、先の8つのポイントのいずれかが磨かれていたり優れていたりするわけです。

ちなみに、私は全国各地を巡りながら大勢の先生方の授業を見せてもらってきましたが、「この人は授業がうまいな」と思う先生方には、いくつかの共通点がありました。

授業がうまい先生の特徴ベスト3とは？

その第一が「無駄が削がれている」ということです。

• 余計なことを極力言わない。

• 端的にすっきりと指示や発問ができる。

• 長々と話すのではなく短い話にまとめられている。

私が出会った授業者の中で、「なるほど」「さすが」という印象をもった方々は軒並み言葉がシャープでした。

おそらく、意図的にどこかでトレーニングを積んできたのでしょう。

そうしたクッキリとした言葉が発せられるからこそ、「相手に言葉を届ける地力が高い」状態に近づいたのだとも見ることができます。

ですから、私は「音声」における「シャープさ」は極めて重要な要素だと思っています。思えば、アナウンサーでもお笑い芸人でも俳優でも、「音声」を届ける仕事にある人たちは、みな一様にクッキリとした言葉を発するためのトレーニングや鍛錬を積んでいます。

無駄な部分を削ぐことによって、意識変容が生まれやすくなる「音声」が発せられるようになるということです。

その上で2位3位を決めるならば、私は「緩急」と「抑揚」を選びます。

リズムの変化だけで相手をワクワクさせたりすることが可能ですし、キーの上げ下げひとつで一気に聴衆を巻き込むことができるからです。

シャープさ、緩急、抑揚。

この3つの力が高くなれば、「音声」としては相当な域にまで磨かれているといえるでしょう。

しかし、「言葉の無駄を削いで、緩急と抑揚を意識しながら話してください」と言われても、実際にどんな風に話せばいいかわからないですよね。

そこで、1つのお勧めトレーニング方法を紹介します。

これを、「シャドーイング」といいます。シャドーイングとは、「音源を聞きながらそれを真似して発音する訓練法」です。

通訳の方々などは、この訓練を積まれると聞きますが、このトレーニングは新たな言語を獲得するだけでなく、自分の「喋り」を鍛える上でも効果があ

るのです。

　事実、私は20代の頃からこのシャドーイングに取り組んできました。

　職場の先輩の授業だったり、セミナーの映像だったり、落語家の音源であったり。

　それらの「喋り」に合わせて、そっくりそのまま話せるように一定期間練習を積んだのでした。

　現在、全国各地から講演で呼ばれるようになり、海外からもオファーが来るようになったこともあり、よく次の質問が寄せられます。

「どうやったら、そんな風に話せるようになるのですか」と。

　その時も、私は決まってこのシャドーイングの練習方法を紹介しています。

　やり方は、とても簡単です。自分にとって憧れや目標となる話し手の音源を見つけます。その中でも特に真似たい部分を30秒ほど決めましょう。

　その30秒を文字起こしして、テキスト化します。

　そして、音源に合わせてそのまま何度も読んでみましょう。

　読み続けるうちに、次第に原稿なしでも読めるようになります。

　ここまできたら、移動中の車内や、お風呂の中など、いつでもどこでもシャドーイングの練習ができるようになります。

　一度試してみるとよくわかりますが、自分以外の誰かの音源に合わせてしゃべることは非常に難しいです。

　抑揚も緩急もそうですが、なにより自分自身が普段話していた「えー」や「あのー」などのフィラーと呼ばれる言葉を挟むことができません。

　ここが、非常に重要なのです。

　続けているうちに、自然と「研がれた言葉」や「ワクワクさせる緩急」「一気に巻き込む抑揚」などの技を体得することができます。

　この技を身に付けると、磨き上げてきた「言葉」の力がさらに高まるのは間違いありません。およそ1か月程度、意識的に毎日続けてトレーニングしてみてください。言葉が徐々に相手に届きやすくなってくる実感が持ててくるはずです。

視線を磨く

　音声情報の磨き方がわかったところで、次は視覚情報の磨き方です。

　授業でも講演でもそうですが、話し手の目線が聞き手に届くことは、計り知れないほどの効果を生み出します。

　たとえば、「セロトニン5（ファイブ）」という言葉をご存じでしょうか。

　元倉敷市立短期大学教授の平山諭氏が提唱したスキルで、「子どもが安心し、自尊感情が高まる5つの対応」を指した言葉です。その5つとは、

ほめる　微笑む　話しかける　触る　見つめる

　です。語呂合わせで「ほほはさみ」（頬挟み）と覚えるとよいでしょう。

　親子のスキンシップで、相手のほっぺを両手でムギュっとしている姿を思い浮かべると覚えやすいです。この中に「見つめる」という項目があります。

　視線が合うと、それだけで相手は安心感を覚えたりするのです。

　そして、視線の送り方によっては、「認められている」や「励まされている」などの感覚を覚えることすらあります。

　そんな風にアイコンタクトをきちんととってくれる人の話が、自然と相手に届きやすくなるのは容易に想像がつくでしょう。

　せっかく磨いた言葉の力をより高めたいのならば、先の「音声」の技と同様に、この「視線」の技も磨いておくと効果的です。

「2秒」目を合わせてみよう

　では、どのようにして練習を積んでいけばよいか。

　私がお勧めしているのは、「もぐらたたき形式」の練習です。

「朝の会の時間」などを使うとよいでしょう。おそらく、何らかの話をする

ために、短い時間で教師が全体に向かって声を発する場面があるはずです。

その際に、「クラス全員に視線を2秒合わせること」を意識してトレーニングを行ってみてください。本来は0.5〜1秒間視線が合えば人は「見られている」という感覚を覚えるのですが、練習を始めたばかりの頃は「2秒」がお勧めです。「1秒」だと、人によっては実際よりも非常に短くカウントしてしまう場合があるためです。

最初は、「2秒」を意識した方が確実にレベルアップが図れるでしょう。

仮に、クラスに30人の子どもたちがいたとしましょう。

「2秒×30人＝60秒」で、1分あれば全員に視線を合わせられる計算になります。

もう少しいうと、30人もの相手がいる場合、全員の視線が一身に話し手に注がれることはまずありません。

視線が合う人もいるし、別の方を見ている人もいます。

むしろ、視線が「時折」合う人が大勢を占めることがほとんどでしょう。「一点を長時間見続ける」というのはなかなか大変なことだからです。

その前提をわかった上で、聴衆の方を見渡すと、視線が上がったり下がったりしていることがわかります。

この状況の中で、視線が上がった相手に2秒視線を合わせるのです。

視線はアトランダムに上がりますから、次々と当てていきましょう。

その上で、朝の会の時間が終わった後にこんな風に尋ねてみます。

「さっきの話の間、先生と目が合った人？」

すると、「視線を合わせてもらった」と感じた子たちの手が上がります。

大切なのは、「こちらが何人に当てたか」という話し手の感覚ではなく、聞き手の「見てもらった」という感覚です。

30人中仮に5人の手が上がった場合、現状の自分の視線レベルがその辺りにあることがわかるというわけです。

手が上がった子たちには、「話を聞いている時にしっかり相手の目を見ていて素晴らしいね」とほめる材料にすればいいでしょう。

このようにして日々練習を続けていくと、視線の合わせ方やアイコンタクトの持つ力がよくわかるようになります。

表情を磨く

1分間笑顔をキープしてみよう

　視線と一緒に磨くといいのが、表情です。

　せっかくの視線も、毎回しかめっ面で送られていては聞き手としてたまったものではありません。

　先のセロトニン5に「ほほえむ」という項目があったように、基本は「笑顔」で視線を合わせることが大切です。

　しかしながら、この笑顔もやってみるとなかなか難しいことがわかります。

　先ほど「1分の話で全員に視線を当てる」という例をあげましたが、これを「笑顔をキープしながらやる」となると一層難度が上がります。

　未経験の方はやってみるとわかりますが、1分笑顔をキープすると慣れていない方は表情筋が疲れます。

　その表情を保持することになれていないのです。

　ですから、まずは1分間笑顔をキープすることを目標にチャレンジしてみてください。

自然な笑顔を練習しよう

　できるならば、自宅の鏡などで自分の「自然な笑顔」も定期的にチェックするといいです。

　先の「人前で話す職にある人が自分の『声』を磨いている」ことを紹介しましたが、それは表情も然りです。

　特に相手に癒しや安らぎを与える自然な笑顔を練習することは、極めて大切です。

私がよくセミナー等でお勧めしているのは、目を若干細めてかすかに口角を上げる笑顔です。

　これが自然にできるようになると、実に「福のある笑顔」がキープできるようになります。

　その上で、先の視線を送るのです。

　同時にやるのが難しければ、まずは「笑顔の1分間キープ」だけをやってみましょう。

　その次に取り組むのは、「笑顔の5分間キープ」です。

　私の経験則ですが、5分間キープできる人はすでに笑顔が板についてきています。

　10分でも20分でも恐らく苦にならずに笑顔をキープすることができるでしょう。

　ですから、まずは目標は5分間です。

　それができるようになったら、「視線のもぐらたたき」も併せてみましょう。

　一定時間笑顔をキープしながら、視線を一人ひとりに止めていくことができればさらに効果は高まります。

　ここまでが基礎トレーニングですが、さらに上級編を知りたい方は、ぜひ下のQRコードから私が主宰している話し方講座「話し方のチカラ」に参加してみてください。

　視線や表情の奥深さをさらに体験することができるはずです。

立ち姿を磨く

大切なのは「腰」の位置！

視線、表情ときたら、最後は全体の立ち姿です。

これで、視覚情報は大まかにすべてカバーできます。

立ち姿において大切なのは、「姿勢」と「服装」と「立ち位置」です。

まず姿勢ですが、基本的には、耳、肩、腰、膝、くるぶしが縦に一直線に並ぶのが「いい立ち姿」の手本とされています。

特に意識するといいのは、「腰」です。

ここに、上半身の重みがまっすぐ乗っているイメージを持ちましょう。

さらにいうと、右や左に体重が偏ってかかっている状態ではなく、両足に均一に乗っている状態が理想的です。

日本赤十字社が出している画像も紹介しておきます。

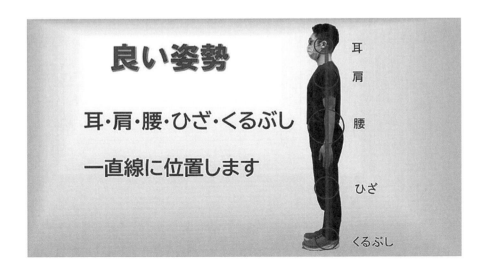

正しい姿勢をとると、自信が出る⁉

　これを、先の「朝の会」のように、毎日無理なく続けられるような練習の場を設定するとよいでしょう。

　私は、毎日クラスで「百人一首」をしていたので、その時間を活用して姿勢を意識的に整えることを継続していました。

　正しい姿勢をとることで、「自信をもって話している」ように聞き手に感じさせる効果があります。

　すると、不思議と話の説得力が増すのです。

　この「説得力」について少し付け加えると、マサチューセッツ州にあるブランダイス大学で、次の実験が行われたことがあります。

　2人の男が会話しているテープを被験者に聞かせます。

　話している内容は、どちらも同じ。

　ただし、片方は70デシベル、もう片方は75デシベルで聞かせました。

　結果は、明らかでした。

　テストを受けた人は、75デシベルの方が「論理的で説得力がある」と答えたのです。ちなみに、この5デシベルの差は、人間の耳ではほとんどわからないそうです。

　これは、ほんのわずかな「声量の差」の話です。

　でも、そのわずかな違いが「説得力」を生み出すのです。

「姿勢」も、ほんのわずかな差です。

　でも、それを日々意識することによって、あなたの言葉に説得力が宿るとするならやはり磨かない手はありません。

　続いて、服装です。

　私は、ここ10年ほどは毎日ダークジャケットとTシャツです。

　これは、授業をするときも講演をするときも、変わりません。

　中国大使館に招かれて話した時も、セミナーを依頼された時も基本的に毎回同じ服装です。

　これはなぜかというと、ひとえに「話」を際立たせるためです。

　以前、あるお笑い芸人が「漫才をする時だけ決まってダークスーツなのは

なぜか」というインタビューを受けている番組を見たことがあります。

そのお笑い芸人は、次のように答えました。

「僕は、自分のボケを最大限に生かしたい。服装が地味であればあるほど、お客さんの注目は僕の喋りやボケに集まる。だから毎回漫才の時はダークスーツに黒ネクタイなんです」

私は、このインタビューを聞いて、似たような感覚を持っている人がいることに喜びを感じたものです。

私も、長年ダークジャケットとTシャツというシンプルな装いにしているのは、ひとえに自分の話の価値を最大限に高めたいからです。

できるだけフォーマルでどこの場でも通用するものであり、かつ自分の話や授業の邪魔をしない服装を選択しています。

最後は、立ち位置です。

立ち位置は、さっきの「笑顔で視線を送る」ことを考えた時に、「全体に視線を送りやすい場所」であるといいでしょう。

そうすると、自然と教室の「角」であるといいことがわかります。

視線を送らなければいけない角度が狭くて済むからです。

もちろん、教卓の位置などによってそれが難しい場合は、視線が届きにくいポイントに意図的に視線を送るようにすればよいです。

教師の「動き」が大切

さらに大切なのが、教師の「動き」です。

特に意識をしないと、不必要に前方をウロウロと動いてしまっているパターンは意外と多いものです。

これは、長年の癖であったり、話すときの緊張を紛らわすためであったり、原因は様々です。

しかし、不必要にウロウロとされていては、そちらに気がいってしまい、話の内容が入ってこなくなることがあります。

立ち位置を変えて動くのならば、そこにも意味が必要です。

話し手の立ち位置には、エネルギーがあります。

これは、「パーソナルスペース」の研究に詳しく説明があります。

相手との関係性に合わせて距離に違いがあるといわれており、それは大きく4つに分けられます。

```
密接距離（45cm以下）
個体距離（45 〜 120cm）
社会距離（120 〜 360cm）
公衆距離（360cm以上）
```

密接距離は、「親しい間柄」にある人同士の距離であり、位置エネルギーは最高に高い状態といえるでしょう。

講演会や授業で最前列に座ったことがある人はわかると思いますが、その席にいるだけで話し手の熱量は伝わりやすくなっていたはずです。

一方公衆距離は、基本的に関係性がない人同士の距離です。

一言で言えば、「疎遠な距離」なのです。

教室で話をしている時も、すぐ手前にいる人は密接距離や個体距離にあることが多いですが、後方にいる人は公衆距離にあります。

その分、言葉が届きにくくなっているといえるでしょう。

そこに位置エネルギーを届けるために、「立ち位置を変える」ことは私も講演や授業でよく行います。

このように、「不必要な動きを極力減らす」ことと、「動くのならば意味のある動きを」という意識を持つことが、立ち位置を磨く上では大切です。

環境を磨く

情報量を調整しよう

ここまでは、「話し手」にまつわる情報の磨き方の話でした。

加えて大切なのは、舞台を整えることです。

たとえば、教室で話している教師の姿を子どもの側からの視線でイメージしてみてください。視界に入るのは、先生だけではなく、後ろの黒板や壁に貼られた掲示物など「背景の情報」が自然と目に飛び込んでいることがわかります。

人間は、情報の約8割を目から得ています。

さっきの「ダークスーツにこだわるお笑い芸人」よろしく、本当に注目を集めたいなら、他の情報は極力カットすることが望ましいです。

無意識に見ているようであっても、人間は目に入るものすべてから情報を受け取り、それを脳で処理しているからです。

「教室の前面掲示はシンプルにしましょう」という内容は、すでに多くの自治体で当たり前のように言われるようになりました。

それは、選択的注意を向けることが難しい子どもたちが、教室には一定数いるからです。

もう少し詳しくいうと、聴覚過敏や視覚過敏のように、特定の情報を過度に受けすぎてしまう子どもたちもいます。

時計の秒針の「チクタク」という音が気になったり、水槽の「ブーン」というモーター音が気になったりする子が一定数いるということです。

窓際から差し込む日光が気になって集中ができなかったり、視界に他の友達がいるだけで気になってしかたがない子たちがいるのです。

そう考えると、複数の人がいる環境の中で「話しを届ける」という上においては、気をつけるべきポイントがいくつもあることがわかります。

私は、自分の講演会やセミナーでも、音や光の入り方には相当気を配ります。そのことによって、全く話が届かなくなるというリスクの怖さを知っているからです。

環境を整えることによって、確かに言葉は届きやすくなります。

「相棒」の力を信じて

自分の思いを相手に届けるために、我々は何をどのように磨いていけばいいのか。その細分化したステップを、ここまで順に紹介してきました。

誰に届けるのかという、明確な「ターゲット」の決定。

ターゲットに思いを馳せる「チューニング」の練習。

なぜ届けるのかという「目的確認」。

何を届けるのかという「内容吟味」。

最上のツールを決める「方法選択」。

そして、これら一連の「言葉を研ぐ」トレーニングを積むためには、「書くこと」が最上の練習であることを繰り返しお伝えしてきました。

なぜなら、書くトレーニングを積むことによって言葉の引き出しが増え、言葉を紡ぐ速度が上がり、思いや考えが相手に届く確率が上がっていくからです。

そして、その研ぎ上げた言葉の力を最大限に引き出すために、声、目線、表情、立ち姿、環境を磨く必要があることを本章で述べてきました。

第1章で取り上げたとおり、「話し言葉」は複合的な要素から成るものです。

その要素を闇雲に磨き上げようとしても、なかなか効果は上がりません。

ですから、まずは全体を「分ける」ことが大切です。

分けることによって初めて、「どこから磨いていけばいいか」「どの順番で磨いていけばいいか」が見えてくるようになります。

何事も、やみくもの努力よりも見通しを立てた上での努力の方が、効果的だし意欲も続きやすいものです。

そのステップの順番とトレーニングのやり方を、本書では1つずつ紹介してきたのでした。

あり方を磨く

　一方、ここまで示したステップどおりにトレーニングを積んだとしても、思いどおりに言葉が届かない相手と出会うこともきっとあるでしょう。

　かくいう私も、「言葉を届けるのはなんと難しいのか」ということを、これまでに幾度となく感じてきました。

　それは、「はじめに」のところにも書いたとおりです。

　涙涙の素晴らしい卒業式を迎えたあの子たちも、元々は学級が大きく荒れた状態からの船出でした。

　言葉がほとんど子どもたちに届かない険しい状態のスタートから、様々な困難や壁を乗り越え、その卒業式に至ったのです。

　そのクラスだけではありません。

　そもそも私は、「言葉が届きにくい状態にある子どもたち」に相対することが極めて多い教員人生を送ってきました。

　なぜならば、そのように毎年希望を出してきたからです。

人事希望調査書に書くこと

　教師の世界には、「次年度どの学年やクラスを担任したいか」を管理職に提出する「人事希望調査書」が存在します。

　第一希望、第二希望、第三希望と記入する欄があり、最後に備考欄。

　私が過去に出合ってきた希望書は、いずれもこの形式でした。

　私は毎年のように、同じ希望を出し続けました。

　第一から第三までの希望欄は空白とし、備考欄に次のように書くのです。

　「この学校で、校長先生が最も大変だと考えている学年、クラス、子どもた

ちを担任させてください」

　多くの同僚が、「なかなか希望どおりの人事にならない」と嘆くなか、私だ
けは毎年ほぼ100％希望どおりの人事になりました。
　希望がとおっただけでなく、管理職から次のように感謝されることも少な
くありませんでした。
　「いつも大変なクラスを進んで担任してくださって本当にありがとうござい
ます」と。
　もちろん、これは単なる「綺麗ごと」で済む話ではありません。
　教職経験のある方ならば、毎年このような希望を出すことがどれほど厳し
いことなのかが容易に想像がつくことと思います。
　私も、これは決して綺麗ごとなどではなく、ある種の覚悟と決意をもって
行っていたことでした。
　学級全体が大きく荒れ、担任の先生がそのクラスを持てなくなってしまう
ほどの状態。
　これは、学校全体としても大変な緊急事態です。
　なぜなら、そのレベルの「荒れ」は学校全体へと波及するリスクを多分に含
んでいるからです。
　そういった意味で、大きな荒れが起きているクラスはいわば「急患」ともみ
ることができるでしょう。
　一刻も早く、手厚い手助けを緊急に求めている状態です。

荒れたクラスの持ち手がいない!?

　しかし、その急患とも呼べるクラスの持ち手が、なかなかいないのです。
　現在の学校の厳しい現状を踏まえると、「急患状態のクラス」の割合はさら
に増えているとみるのが自然でしょう。
　不登校の児童生徒数は年々急増し、教員の病休・退職者も増え続けており、
一方で教員志望者数は減少の一途をたどっています。
　私も年々状況が厳しくなる現実を、肌で感じてきました。

だからこそ、「言葉」の力を磨き、研ぎ上げてきたのです。

教師にとっての唯一無二の相棒は、言葉です。

どんなに過酷な状況にあったとしても、最後の最後に子どもたちを動かしたり、クラスを救っていってくれるのも、また言葉なのです。

その言葉を磨き、どんな状況のどんなクラスや子どもたちであっても笑顔で担任できるようになりたいという理想を私は持ち続けてきたからこそ、先のような人事希望調査書の書き方をしてきたのです。

決まったパターンの正解はない

もちろん、一筋縄でいくようなクラスはほとんどありませんでした。

出会いの瞬間から、担任を品定めするように睨みつける子がいました。

マスクを深々とつけて決して目線を合わせようとしない子もいました。

最初から話を一切聞こうともしない反抗的な態度の子も大勢いました。

そうした子たちの心のコップを何とか上に向け、私の思いや考えを受け取ってもらえるようにし、そのために言葉を紡ぎ続けて…。

そうしたことの繰り返しが、私の教員人生でした。

そこに、「毎回決まったパターンの正解」は基本的にありません。

毎回違う難題や発展問題を投げかけてくる子どもたちに対して、私が唯一できること。

それも、「言葉の力を磨くこと」でした。

毎回100点満点でホームラン級の当たりを出すことは不可能でしたが、地道な努力によって着実に打率が上がっていく実感がありました。

そして、「崩壊」と呼ばれるようになったクラスの子どもたちが、少しずつ、でも着実に変化と成長を遂げていったのでした。

むしろ、そうした苦境に立ち続けたからこそ、「言葉の力を磨かざるを得なかった」というのが正しい表現のように感じます。

「言葉のチカラ」を求めて依頼される

いまでは、そうした「言葉のチカラ」を求めて、全国各地から授業や講演を依頼されるようになりました。

崩壊状態のクラスでの飛び込み授業も多く依頼されるようになりました。

普段、教師の指示や注意をまったく聞かない子たちが、熱中して授業にのめり込み、最後は美しい感動の涙を一筋流して…といった姿がいま全国各地で起きるようになりました。

様々なテクノロジーが進化し、教職の役割や意義が問われている昨今だからこそ、ますますこの「相棒」の大切さが再確認されるフェーズに突入したと私は感じています。

ぜひ、本書を活用してともに「言葉の力」を磨き、高め、その素晴らしさや感動を味わえる方々が増えることを願っています。

私もまた、これからも多くの方々に言葉の力の素晴らしさを届けるべく、国内外の各地を飛び回りたいと思います。

おわりに

「父は、君が好きです。ただ、それだけです。」

　今から 30 年ほど前、子供服メーカーの CM で流れていた言葉です。

　実際の映像を見たことがなかったとしても、きっと最愛の我が子の姿を見つめる優しい父の眼差しが浮かんでくることでしょう。

　この、たった 1 行の言葉には、どこにも奇をてらった部分がありません。使われている言葉は実にシンプルで、表現の仕方も真っ直ぐそのものです。

　でも、多くの人の胸を打つのです。

　たったの一言。

　でもそれが多くの人の、心を動かす。

　こういう不思議なチカラが、「言葉」には確かに宿っています。

　本書のタイトルを、『教室を動かす言葉のチカラ』としました。

　実際には、教室は空間であり場所ですから、それ自体が動いたりすることはありません。

　けれども、このタイトルを読んでピンと来る方は多いはずです。

　教室には、色々な子どもたちがいます。

　本書をお読みの方も、時をさかのぼれば全員が「教室にいる子ども」だったはずです。その時のことを、少し思い出してみてください。

　あなたを含め色々な子どもたちが集っていた教室において、先生が発した「あの言葉」が「みんなの意識を大きく変えた」という経験。

　きっと、多くの人が体験しているのではないかと思うのです。

　私も、先生の言葉のチカラに触れ続けてきた 1 人です。

　だからこそ、教職という仕事に惹かれ、大人になってもまたこの教室という場所に引き寄せられたのだと思います。

　本書でも述べてきたように、私が受け持った教室の多くは「荒れ」や「難しさ」を多分に抱えていたクラスでした。

　そうした学級に向き合う中で、私が一度も欠かさず続けてきたこと。

それこそが「言葉のチカラを磨く」ことでした。

　唯一無二の相棒である言葉のチカラを磨き高めることによって、子どもたちの心に届く言葉が少しずつ紡げるようになってきたのです。

　そうして、子どもたちは徐々に変わっていきました。

　正確には、言葉によって心が動いた結果、体が動く「行動」が伴うようになり、その数が一人、また一人と増えていったということです。

　そして、意識変容から行動変容へとつながる子どもたちが一定数を超えた時に初めて「教室全体が変わる」のです。

　幾度となく見てきたその光景を見た時の感動や喜びも、本書の『教室を動かす言葉のチカラ』というタイトルに込めました。

　現代は、変化のスピードが激しく、先の見通せない時代であると言われます。

　言いようのない不安から、学校や教師にもたくさんのことが次々と求められるようにもなりました。

　けれど、本当に大切なことはそれほど多くはなくて、きっとシンプルなはずです。

「子どもの成長していく姿を見られるのが嬉しい」「ただ、それだけ」

　そんな風に子どもたちを教え育てる仕事の素晴らしさを語らえる日が来たらいいなぁと、本書を書きながら改めて思ったのでした。

　みなさんの紡いだ言葉が、あの子の心に確かに届きますように。

　　　　　2024 年 6 月　初夏の陽気に包まれた北海道東川町の書斎にて
　　　　　　　　　　　　　　　　教え方の学校　主宰
　　　　　　　　　　　　　　　　渡辺道治

著者紹介

渡辺 道治（わたなべ みちはる）

「教え方の学校」主宰、アメリカ・ダラス補習校学習指導アドバイザー。2006年北海道教育大学卒業。同年より奈良県天理小学校にて勤務。16年JICAグローバル教育コンクール特別賞受賞。その後、札幌市立公立小学校、愛知県私立小学校にて勤務。小学校教員の仕事の傍ら、福祉施設や医療施設での演奏活動、書籍・雑誌・新聞等の執筆活動を展開する。ユネスコやJICAによるアジアを中心とした国際交流事業や、初等教育算数能力向上プロジェクト（PAAME）においてアフリカの教育支援にも携わるなど内外において精力的に活動中。2023年からは、アメリカ・ダラス補習校の学習指導アドバイザーに就任。2024年より兵庫教育大学臨床心理学修士課程。各地での講演活動は通算400回以上。国内外の各地で飛び込み授業も実施。学校をはじめ、病院、企業、教会、私塾など多方面から依頼を受ける。
著書に『学習指導の「足並みバイアス」を乗り越える』（学事出版）、『心を育てる語り』（東洋館出版）、『BBQ型学級経営』（東洋館出版）など。

教室を動かす言葉のチカラ
―その「紡ぎ方」と「磨き方」―

2024年7月25日　初版発行
2024年7月26日　2刷発行

著　者　　渡辺 道治（わたなべ みちはる）

発行者　　佐久間重嘉

発行所　　学 陽 書 房

　　　〒102-0072　東京都千代田区飯田橋1-9-3
　　　営業部／電話 03-3261-1111　FAX 03-5211-3300
　　　編集部／電話 03-3261-1112
　　　http://www.gakuyo.co.jp/

ブックデザイン／吉田香織
DTP制作／越海辰夫
印刷・製本／三省堂印刷

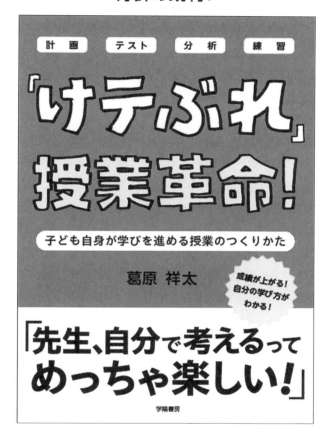

「けテぶれ」授業革命！

葛原祥太　著

A5・並製・208 ページ　定価 2200 円（10% 税込)

けテぶれの授業づくりのはじめかたがわかる本！　子どもが自分で自分の学びを進める「「けテぶれ」学習法。計画・テスト・分析・練習で学びを進める授業に取り組むと、子どもがどんどん自分の殻を打ち破っていく！

好評の既刊！

授業・校務が超速に！
さる先生の Canva の教科書

坂本良晶　著

A5・並製・128 ページ　定価 2090 円（10% 税込)

Canva が教師の仕事を変える！　配布物や掲示物、さまざまな学級ツールが超カンタンにつくれるようになる！　授業で子どものアウトプットにも使える！　この Canva を使った超時短な仕事ノウハウを一挙公開！